인천과 소남 윤동규

소남 윤동규 총서 3

인천과 소남 윤동규

허경진·심경호·신홍순·송성섭·원재연 저

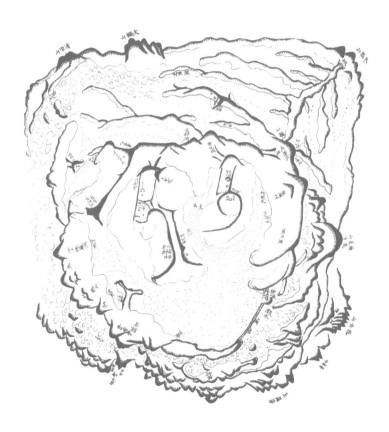

보고사
BOGOSA

머리말

 연구자들이 책을 쓸 때에는 크고 작은 이유가 있는데, 이 책은 인천 시민들에게 소남 윤동규라는 인천의 인물을 널리 알리기 위해서 썼다. 2009년에 간행된 『인천 인물 100인』에 소남 윤동규가 전혀 소개되지 않은 것을 보고 「소남 윤동규와 인천의 성호학파」(『황해문화』 제71호, 2011)라는 글을 써서 윤동규 연구의 필요성을 알렸지만, 인천의 인물은 여전히 1883년 개항 이후를 넘어서지 못하고 있다.

 소남 연구자들이 최근에 인천광역시의 지원을 받아서 소남 종가에만 필사본으로 전해져 오던 『소남선생유집초』 13책을 번역하기 시작하고, 소남학회를 조직하여 활발하게 연구해 왔다. 소남의 기일을 양력으로 환산하여 해마다 12월 30일을 '소남 윤동규의 날'로 정해서 시민들과 함께 인천과 소남 이야기를 했으며, 올해에는 문화체육관광부의 지원을 받아 인천광역시교육청계양도서관에서 '길 위의 인문학' 「인천의 잊혀진 실학자 소남—윤동규 강좌」를 12차 개설하였다. 이 강좌는 시민의 손으로 만드는 인터넷신문 『인천인』을 통하여 매주 강의개요가 시민들에게 전해지기도 하였다.

 그동안 성호학파는 성호 이익이 살던 안산을 중심으로 하여 제자인 순암 안정복이 살았던 광주, 조카인 정산 이병휴가 살았던 덕산, 그리고 사숙 제자인 다산 정약용이 살던 남양주 중심으로 하여 외연을 전국으로 넓혀왔다. 우리가 이번에 간행하는 『인천과 소남 윤동규』는 안산에서 시작된 성호학파의 외연을 인천으로 직접 넓혀보자는 의도에서 집필하였다.

인천[邵城] 남촌(南村)에 살았기에 소남촌인(邵南村人)이라고 자호하였던 윤동규는 성호가 살던 안산 첨성까지 걸어서, 또는 배를 타고 공부하러 다녔다. 이 책의 작은 제목들은 대부분 인천과 윤동규를 연계시킨 내용이어서, 읽다 보면 독자들이 300년 전의 소남 윤동규와 함께 인천에서 거닐기도 하고, 그를 따라 성호 선생을 찾아가게도 된다. 인천이 성호학파 실학로드의 한 시작점이 되는 것이다.

소남 서거 250주년을 그대로 넘기기 아쉬워, 『소남선생유집초』 13책 번역이 끝나지 않은 상태에서 많은 시민이 모여 사단법인소남윤동규기념사업회를 조직하고, 소남학회에서 학술대회를 준비하였다. 이 책은 학술대회 참석자들과 인천 시민들에게 드리는 작은 선물이지만, 언젠가는 『소남선생유집초』 13책이 다 번역되고 『성호전집』에도 실리지 않은 성호 선생의 친필 편지, 성호가 소남에게 보낸 221통의 친필 편지도 다 번역하고 연구하여 더 큰 선물을 드리고자 한다.

몇십 년 동안 이사 다닐 때마다 소남 유물 8,500점을 짊어지고 고생하였던 소남 문중의 9대 종손 윤형진 선생에게 감사드린다. 소남이 성호학파의 스승 및 선후배, 제자들과 주고받은 편지 및 문집이 다 번역될 쯤에는 성호학파의 한가운데에 안산과 함께 인천이 자리 잡을 것이다.

2023년 12월 29일
저자들을 대표하여 허경진 삼가 절하며 쓰다

차례

제1부

인천에 정착한 소남 윤동규

인천과 성호학파

인천이라는 이름의 유래

지금의 인천(仁川)이라는 이름은 조선 태종 13년(1413)에 공식적으로 처음 생겼다. 『신증동국여지승람(新增東國輿地勝覽)』 「인천도호부(仁川都護府) 건치연혁(建置沿革)」 조에 "태종(太宗) 13년(1413)에 지금 이름으로 고치어 예에 의하여 군으로 만들었다."라고 하였다. 그래서 인천광역시가 2013년에 정명(定名) 600주년 행사를 성대하게 치렀다.

그러나 『태종실록』 11년(1411) 4월 18일 기사에 이미 "인천에 조수가 창일하여 예전보다 3척(尺)가량 더 불었다."고 기록한 것을 보면 그전에도 인천이라는 지명을 사용한 듯하다.

「인천도호부 건치연혁」에 실린 인천이라는 지명의 변화 과정은 다음과 같다.

"본래 고구려의 매소홀현(買召忽縣)이다. 또는 미추홀(彌趨忽)이라 한다. 신라 경덕왕(景德王)이 소성(邵城)으로 고치어 율진군(栗津郡)의 영현(領縣)을 삼았다. 고려 현종(顯宗) 9년(1018)에 수주(樹

해동지도에 인천의 옛 이름인 미추홀, 매소홀, 소성, 경원, 인주가 차례로 적혀 있다.
향교 왼쪽에 남촌면이 보이고, 서울 가는 길이 보인다.

州)에 붙였고, 숙종(肅宗) 때에 인예왕후(仁睿王后) 이 씨(李氏)의 본
관이므로 경원군(慶源郡)으로 승격하였으며, 인종(仁宗)이 또 순덕
왕후(順德王后) 이 씨(李氏)의 본관이므로 지인주사(知仁州事)로 고

치고, 공양왕(恭讓王) 2년에 경원부(慶源府)로 승격하였다. 왕이 처음에 즉위하여 칠대 어향(七代御鄉)이라 하여 승격시키고, 또 고을 호장(戶長)에게 붉은 가죽띠를 주었다. 본조(本朝) 태조(太祖) 원년(1392)에 다시 인주(仁州)로 만들었고, 태종 13년(1413)에 지금 이름으로 고치어 예에 의하여 군으로 만들었으며, 세조(世祖) 6년(1460)에 소헌왕후(昭憲王后)의 외가 고을이므로 승격하여 도호부로 만들었다."

이 기사에는 두 가지의 변화 과정이 보인다. 하나는 현(縣)에서 군(郡), 부(府)로 승격하는 과정이고, 하나는 매소홀이나 미추홀이 소성을 거쳐 인주, 인천이라는 지명으로 변천하는 과정이다.

승격은 인구 증가에 따른 것이 아니라 고려시대에 왕비가 계속 배출되었기 때문에 군에서 부로 읍격(邑格)을 높여준 것이다. 그러나 때에 따라서는 강등되기도 하였다. 1899년에 편찬한 『인천부읍지(仁川府邑誌)』에서 인천에 부임한 수령 347명의 명단을 기록한 「선생안(先生案)」을 보면 지군사(知郡事, 1412~1457), 부사(府使, 1461~1688), 현감(縣監, 1688~1697), 부사(1696~1814), 현감(1814~1821), 부사(1821~1875), 겸방어사(兼防禦使, 1875~1883), 겸토포사(兼討捕使, 1883~1885), 겸감리사무토포사(兼監理事務討捕使, 1885~1894), 겸토포사(1894~1895), 군수겸토포사(郡守兼討捕使, 1895), 군수(1895~1896), 감리겸부윤(監理兼府尹, 1896~1899) 등으로 읍격이 다양하게 바뀌었다. 이따금 역적이 태어나면 부(府)에서 현(縣)으로 강등되어, 도호부사(종3품) 대신에 현감(종6품)이 파견되었던 것이다.

매소홀(買召忽)이나 미추홀(彌趨忽)은 아마도 물골, 또는 밑골(높은골)이라는 우리말을 음차(音借)한 것으로 보인다. 소성(邵城)의 소(邵)는 소(召)나 추(趨)와 소리가 같고 높다는 뜻이며, 성(城)은 홀(忽, 골)과 같은 뜻인데, 훈차(訓借)한 것이다. 삼국통일 이후 경덕왕 때에 고구려와 백제의 우리말 지명을 중국식 한자 지명으로 고치면서 소성(邵城)이라고 표기하였다. 왕비들이 계속 태어나므로 경원(慶源, 경사스러운 근원), 인주(仁州, 어진 이들의 고을)라고 이름을 고쳤다가, 태종 13년(1413) 10월 15일 어명에 따라 인천(仁川)이라고 고쳤다.

"각 도의 단부(單府) 고을을 도호부(都護府)로 고치고, 감무(監務)를 현감(縣監)으로 고치고, 무릇 군(郡)·현(縣)의 이름 가운데 '주(州)' 자를 띤 것은 모두 '산(山)' 자, '천(川)' 자로 고치라."

'단부(單府)'란 유수부(留守府, 정2품)·대도호부(大都護府, 정3품)·목관(牧官, 정3품)을 제외한 '주(州)' 자를 가진 고을을 가리킨다. 인주도호부사는 종3품이었으므로 단부에 해당되며, 산속이 아니라 바닷가였기에 인산(仁山)이 아니라 인천(仁川)으로 바뀐 것이다.

인천의 성호학파

성호가 안산에 살았으므로 성호학파는 자연스럽게 안산에 가장 많았고, 옆 고을인 인천과 광주로 확산되었다. 안산에서는 성호의 아들과 조카, 손자들 10여 명이 성호에게 배웠으며, 인천에도 소남과 관련되어 10여 명이 성호에게 배웠다. 광주에는 순암(順庵) 안정복(安鼎福)과 그의 제자들이 외연을 넓혔다. 성호의 형인 잠(潛)의 외가가 덕산이었으므로 성호의 조카인 정산(貞山) 이병휴(李秉休)가 덕산 장천으로 내려가면서 그곳에서 『성호전집』이 편집되고 제자들이 더욱 많아졌다.

인천 최초의 성호학파 학자는 아마도 소남 윤동규의 삼종숙인 윤취일(尹就一, 1682~?)일 듯하다. 통덕랑 윤희수(尹希洙)의 아들이니, 소남의 아버지인 윤취망의 팔촌아우이다. 1723년 생원시에 2등 27인으로 합격하였는데, 『사마방목』에 거주지가 인천으로 기록되어 있다. 경기전 참봉(종9품)을 지냈다.

『성호전집』에 실린 「참봉 윤취일에게 답하는 편지. 을해년(1755)」을 보면 "소식이 끊어진 것이 몇 해나 되었는지 모르고 지내다가 마침 족자(族子)를 통해 그대의 안부를 물었다"고 했으니, 소남을 알기 전에 윤취일을 먼저 알았을 가능성이 있다. 성호보다 1살 아래였기에, 그의 편지를 받은 성호가 "그대의 편지를 거듭 읽어 보았는데, 함장(函丈)이니 시생(侍生)이니 하는 말들이 있어 나도 모르게 송구하여 몸 둘 바를 모르겠다"고 말하였다.

『소남문집』에도 1762년 윤취일에게 몇 차례 편지를 보내어 안부를 묻고 경서에 관해 토론한 내용이 보이는데, 같은 마을에 살다 보니 직접 만나서 토론하였으므로 편지가 많지 않다.

용사방에 살던 윤동규가 18세 되던 1712년에 성호를 만나 제자가 되면서 인천 도남촌으로 이사 오자, 아우 동기(東箕)와 동진(東軫)도 성호의 문하에 나아가 글을 배웠다. 소성(邵城) 도남촌(道南村) 사람이었으므로 윤동규가 자연스럽게 소남촌인(邵南村人)을 호로 삼았다.

소남 형제들은 성호에게 함께 찾아가거나, 다른 형제가 찾아갈 때에 질문하는 편지를 전달하여 가르침을 받았다. 성호의 저술을 정리하느라고 며칠씩 성호장(星湖莊)에서 스승과 함께 지내기도 하였다. 제자 동진이 세상을 떠나자 스승 성호가 도남촌까지 찾아와 곡하고 문상하였다.

순암(順庵) 안정복(安鼎福)의 아들 경증(景曾)이 1746년에 도남촌 윤동열(尹東說)의 딸에게 장가들어 소남에게 배우면서 인천과 광주의 성호학파가 만나게 되었다. 소남이 세상을 떠난 뒤에 안정복과 안경증이 각기 찾아와 제문을 지어 곡하고, 안정복은 소남의 행장까지 지었다.

소남의 아들 광로(光魯)와 광연(光淵), 손자 신(愼), 위(偉)도 소남에게 배웠으니, 성호학파의 일원이다.

소남의 말년 제자인 이제임(李齊任)은 소남의 유언을 받들었고, 권귀언(權龜彦)은 소남의 행장을 지어 후세에 전하였다. 권귀언은 성호의 조카인 이용휴의 동서이기도 하다.

인천에서 소남과 직접 관계가 밝혀지지 않은 성호학파는 같은 남촌면에 살았던 이명규(李明逵)와 이학규(李學逵)이다. 소남의 3형제와 아들 손자, 삼종숙 등이 지금의 남동구 도림동 일대에 살았던 것과는 달리, 이들은 지금의 장수동 일대에 살았던 평창 이씨(平昌李氏) 사촌형제이다.

남촌면의 평창 이씨는 천주교 순교자들로도 유명한데, 이명규와 이학규의 5대조인 이배(李培, 1640~1674)가 인천에 거주하면서 1662년 진사시에 합격하였다. 이승훈은 이배의 형인 이근(李根)의 4대손이니, 이명규 이학규와는 9촌간이다. 이학규는 아버지가 이응훈(李應薰)이어서 이승훈에게는 조카뻘이지만, 이들은 모두 성호의 조카인 이용휴(李用休)의 외손자들이다. 이용휴의 둘째 딸이 이승훈의 어머니이고, 넷째 딸이 이학규의 어머니이다.

이학규는 외가에서 유복자로 태어나 10세까지 살면서 이용휴와 이가환에게 배웠고, 이삼환에게도 배웠다. 인천의 성호학파를 이해하려면 윤동규의 『소남문집』만 읽을 것이 아니라, 이명규의 『대곡초(大谷草)』와 이학규의 『낙하생집(洛下生集)』에 실린 글들도 알아둘 필요가 있다. 【허경진】

윤동규 집안이 인천에서
손자와 며느리들에게 증여한 재산 목록

　토지가 생기는 방법은 두 가지이다. 하나는 본인이 돈을 주고 구입하는 경우이고, 다른 하나는 가족으로부터 상속받거나 증여(贈與)받는 경우이다. 물론 뇌물로 받는 경우도 있지만, 특별하고도 비합법적인 경우이다. 요즘도 과중한 양도세나 상속세를 피하기 위해 증여가 상당수 이뤄지는데, 조선시대에도 문제가 생기는 것을 방지하기 위해 증여의 절차를 법적으로 정해 놓았다.

　혈족(血族) 간의 분재는 재주(財主)의 유언과 상속자들의 협의[和會]가 우선인데, 그 외의 관계나 예외적인 분재는 『경국대전(經國大典)』「형전(刑典) 사천(私賤)」에서 그 내용을 규정하고 있다.

　부모·조부모·외조부모·장인과 장모·남편과 처·첩 및 형제자매끼리 협의하여 노비를 나누어 가지는 경우를 제외하고는 관(官)이 서명한 문기(文記)를 사용한다.

　이때 관청에서 서명해 준 문서가 바로 분재기(分財記)이다. 재주가 살아있을 때 상속자 전원에게 재산을 나누어주며 작성하는 분재기로는 분급문기(分給文記), 깃급문기(衿給文記), 분깃문기(分衿文記)가 있는데, 이때 반복적으로 보이는 깃[衿]이란 글자는 '몫'을 의미한다.

재주가 상속자 전원이 아닌 특정 인물에게 재산을 증여하는 경우 별급문기(別給文記)를 작성한다. 상속 규정을 벗어나 재주의 마음대로 재산을 증여할 수 있는 제도로서, 증여 대상과 사유가 다양하다.

윤동규의 아버지가 받은 탄생 선물

문정왕후의 친정아버지 윤지임(尹之任)의 셋째아들 윤원필의 후손 윤상전(尹商銓, 1592~?)이 46세 되던 1637년 인천에 정착하였다. 윤지임이 중종의 장인이 되어 파산부원군(坡山府院君)에 봉해지자 후손들이 지나치게 부귀해지는 것을 염려하여, "자손 10대에 이르기까지 과거시험에 응시하지 말고, 지아비는 밭을 갈고 지어미는 길쌈을 하라"는 유언을 남겼다. 집의(執義, 종3품) 벼슬을 하던 윤상전이 선조의 유언을 지키기 위해 농장이 있는 인천으로 내려온 것이다. 인천 파평 윤씨의 입향조인 집의공 묘역에는 다른 지파에서도 찾아와 참배한다.

도림동에 살던 윤상전의 아들인 충의위 윤명겸(尹鳴謙, 1618~1687)이 쉰이 넘어 손자를 보게 되자 너무 기뻐서, 갓 태어난 손자

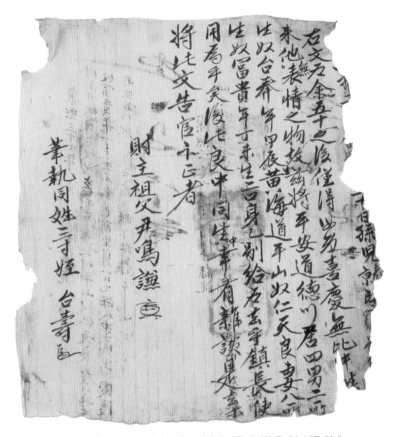

재산을 나누어 준 윤명겸과 증인이 되어 문서를 작성한 윤태수 이름 밑에
착명(着名)이 보인다.

취망(就望)에게 선물을 주었다. 재산을 나누어 주는 것이니 분재기
성격의 문서였으며, 아들 성수(聖壽)가 아니라 조카 태수(台壽)가 증
인이 되어 문서를 작성하였다.

"이 문서는 내가 쉰이 넘은 뒤에 간신히 너를 얻어 기쁜 경사가
비할 데 없는 데 달리 마음을 표시할 것이 없기에 평안도 덕천에

있는 갑진년(1664) 출생의 종 태봉이와 황해도 평산에 사는 정미년(1667) 출생의 종 부귀를 준다."는 내용이다.

재주(財主) 조부 윤명겸이 서명하고 필집(筆執) 조카 태수가 증인이 되어 문서를 작성하였지만, "혹시라도 이에 관해 잡담을 하는 자가 있으면 이 문서를 가지고 관청에 가서 증명하라."는 단서도 달아놓았다.

첫 줄이 찢어져 문서를 작성한 날짜가 정확지 않지만, 윤취망이 1675년생이니 그 무렵에 작성하였을 것이다. 종가 문서가 아직 다 정리되지 않았지만, 인천에서 작성된 문서 가운데 가장 오래된 분재기이다. 이 문서 뒷장에 관인이 찍혀 있는 배탈(背頉) 문서가 기재되어 있다. 공증을 한 셈이다.

취망은 바로 소남 윤동규의 아버지이다. 윤명겸이 소유한 수많은 종들 가운데 평안도 덕천에 있는 갑진년(1664) 출생의 종 태봉이와 황해도 평산에 사는 정미년(1667) 출생의 종 부귀를 손자에게 준 것은 그곳에 있는 땅을 관리하게 하려는 의도이기도 하지만, 손자보다 몇 살 많은 종들을 주어서 평생 도움받게 하려는 뜻도 있다. 요즘 말로 하자면 소남의 아버지 윤취망은 은수저를 가지고 태어난 셈이다.

윤동규도 손자가 태어나자 며느리에게 땅과 종을 증여하다

윤동규는 10세에 아버지가 세상을 떠났으므로, 외갓집 사랑을

받으며 외롭게 자랐다. 도남촌에 땅을 구입한 이듬해에 손자 신(愼)이 태어나자, 44세에 할아버지가 된 윤동규가 1738년 정월 13일 큰며느리 연일 정씨(延日鄭氏)에게 분재기를 작성해 주었다.

본문 첫머리에 "너는 맏며느리로서 죽은 시어머니와 닮아서 아름답고 정숙하며 가상한데, 또 남자아이를 낳아 종사(宗嗣) 튼튼

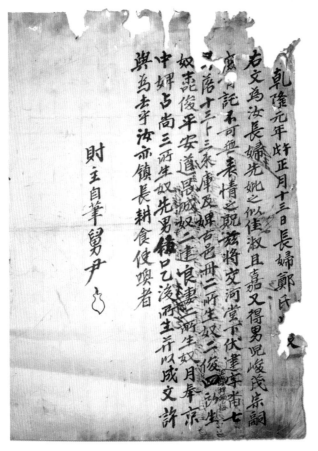

「건륭 원년 정월 13일 장부(長婦) 정씨 명문」이라는 제목에서 원년은 3년의 오기이다.

하고 무성하게 하여 의탁할 곳이 있게 하였다."라며 '정을 표하기 위해서'라고 재산을 물려주는 이유를 언급하였다.

물려주는 재산은 상당히 많다. 교하(交河)에 있는 논 7마지기(斗落) 13부(卜) 3속(束)과 함께 여종 곱단이가 낳은 두 아들, 평안도 창성에 있는 종, 서울에 있는 종 등을 큰며느리 정 씨에게 선물로 주었다. 논만 준 것이 아니라 농사를 짓고 살림을 도와줄 종까지 미리 증여하였다.

문서를 작성하는 필집(筆執)은 시아버지가 직접 맡았다. 증조부 취망이 종 2명을 출생 선물로 받은 것에 비하면, 소남의 손자 윤신은 금수저를 가지고 태어난 셈이다. 그만큼 윤동규 집안의 재산이 늘어났다는 뜻이기도 하다.

뒷면에 배탈(背頉) 입안(立案)이 기재되어 있다. 물려받은 남자 종 가운데 한 명이 아들을 낳자, 1747년 남자 종 1명과 그 남자 종이 낳은 남자 종 1명을 강봉덕(姜鳳德)에게 매각하면서 장예원으로부터 작성 받은 문서이다.

소남 종가에는 같은 해 정월에 작성한 분재기가 또 하나 있다. 건륭 3년(1738) 1월에 작성된 분재기로서, 문서 하단이 결락되어 발급자와 수취자가 누구인지 알 수 없다. 다만 본문 첫머리에 재산을 물려주는 이유를 언급한 부분에 "네가 우리 가문에 들어와서 예의범절이 가상하고."라고 적혀 있는 것으로 보아, 문서의 수취자는 며느리 또는 양자인 것으로 추측할 수 있다.

소남 종가에서 이 시기에 이런 문서를 작성할 수 있는 사람은

右文汝既入門几禮皆且婚

乾隆三年□正月

王先六所生奴愁獨伊七所生婢

玉金香一所生奴國眞同奴國眞

婢金香一所生奴者斤老音伊奴

所生奴容山三所生奴者斤老音伊奴

禮二所生奴阿唐先三所生婢者禮四

今禮五所生婢德禮六所生奴英賓婢

生婢古音禮同婢古音禮二所生奴者斤禮

合三十一口後所生并以成文許給爲

財主□

윤동규가 맏며느리 정 씨에게 종 31명을 증여한다고 써 준 분재기.

윤동규뿐이었으며, 받을 사람도 맏며느리 정 씨뿐이다. 이 무렵에 외부에서 양자를 들인 기록은 없다. 문서가 상당 부분 훼손되어서 물려주는 재산의 상세한 내역을 파악하기 어려우나, 수독이(愁獨伊), 국진(國眞), 용산(容山), 자근노음이(者斤老音伊), 자근례(者斤禮) 등의 노비 이름이 적혀 있고, 마지막에 '합 31구(口)'라고 적혀 있는 부분이 남아 있어, 상당한 수량의 노비를 물려준 사실이 확인된다. 이 시기에 윤동규가 이미 수십 명의 노비를 거느렸고, 그 가운데 31명을 맏며느리에게 증여한 사실을 알 수 있다.

윤동규가 큰며느리에게 교하의 논을 일곱 마지기 넘게 선물하였지만, 맏아들 광로가 1754년에 37세로 세상을 떠나자 손자 신이 장성할 때까지는 결국 윤동규가 다시 관리하였다. 윤동규가 1758년 교하 농장에 다녀와서 성호 선생에게 편지를 보낸 기록이 보인

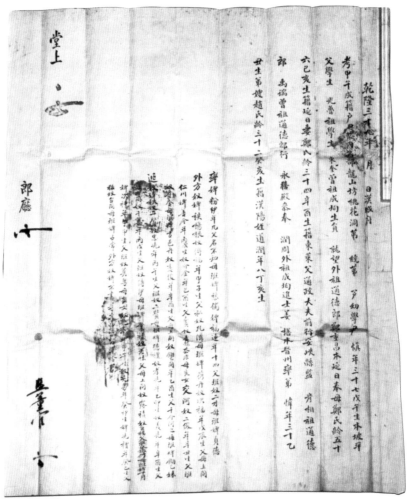

윤신이 상속한 뒤에 작성된 건륭 39년 호구단자에서 왼쪽이 노비들의 명단이다.

다. 윤동규가 1773년에 세상을 떠나고 윤신이 상속한 뒤에 작성된 건륭 39년(1774) 호구단자에 수십 명의 노비 명단이 실렸으며, 이들의 이름이 다시 보인다. 【허경진】

만나서 배우기보다 편지로 질문하라

군사부일체(君師父一體)라고 했던 것처럼, 조선시대 스승과 제자 사이는 부모보다도 서열이 위였다. 그랬기에 윤동규는 선조들의 제삿날을 기록하면서 스승 성호의 제삿날도 함께 기록하였다. 그러나 성호는 제자들에게 형식적인 예절에 매이지 말고, 멀리서 일부러 찾아오지 말며, 간단히 편지로 질문하라고 가르쳤다. 멀리서 찾아오는 시간을 아낄뿐더러, 심사숙고하여 가장 충실한 대답을 해줄 수 있기 때문이다.

『성호사설』 「서독승면론」

백과사전인 『성호사설』 제7권에 「서독승면론(書牘勝面論)」이라는 항목이 있는데, "편지를 주고받으며 의논하는 것이 직접 얼굴을 대하여 의논하는 것보다 낫다"는 뜻이다.

"말이란 하기는 쉬우나 흔적이 없고, 편지란 세심하게 생각해서 상세하게 고찰하므로 깊은 경지에 이를 수 있다. 만나는 때는 짧고 헤어져 있는 때가 기니, 날마다 의문나는 점을 주워모아 글자로 적어서 서로 되풀이해가며 토론한다면, 자주 중단되는 걱정을 면할 수 있을 것이다. 그러므로 '헤어진 뒤에 무한한 토론이 있다'고 말한 것이다."

성호는 "시골 서당(書堂)에서도 그래야 하니, 하물며 임금의 법강(法講)이겠는가?"라고 질문을 던지고, "위세(位勢)가 아주 차이나게 높은 자리이므로 삼가고 두려워하는 마음만 치우쳐서, 임금이 질문하면 스승들이 아무리 잘 알고 있더라도 감히 말하지 못하고, 이미 강의가 끝난 뒤에는 거리가 하늘과 땅처럼 되어버린다. 3일이나 5일 동안에 걸쳐 보고 들은 내용이 있더라도 다 책(冊) 속에 들어 있는 것이 아니니, 어떻게 자세히 찾아내어 중단하지 않고 왕에게 올릴 수 있겠는가?"라고 문제점을 설명하였다. 제자가 갑자기 물으면, 스승이 알고 있는 내용도 제대로 대답하지 못하는 수가 있다는 것이다.

성호는 그래서 제자인 임금이 스승인 경연관(經筵官)들에게 미리 질문을 보낸다고 하였다. "경연(經筵)이 열리지 않더라도 임금은 마땅히 질문들을 기록하여, 꼭 강의하는 글이 아니라 혹 경사(經史)라도 날마다 두어 조목씩 꼭 질문을 보내어 숙직하는 자가 각각 자기 의견으로 답변하게 하고, 임금은 이를 받아서 판별하여 마치 서로 마주 앉아 문답하는 것처럼 취사선택하고 이를 합쳐서 기록하는 것이 좋다."라고 하였다. 그러면 스승들도 감히 공부하지 않을 수 없고, 질문과 답변을 모은 글들이 출판되어 또 하나의 교과

서가 된다는 것이 「서독승면론(書牘勝面論)」의 결론이다. 성호가 임금을 예로 들었지만, 그 자신도 제자들과 주로 편지를 통하여 학문을 토론하고 학설을 집대성하였다.

종이를 아껴 써라

스승에게 예를 차리려면 좋은 종이에 앞뒤로 인사말이 장황하게 들어가야 격식에 맞다고 생각하겠지만, 성호는 소박한 종이에 요점만 적어서 보내자고 하였다. 역시 『성호사설』 제5권 「학사단간(鶴沙短簡)」에서 할아버지가 받은 편지를 예로 들었다. 학사는 5형제가 문과에 급제한 김응조의 호이고, 제목은 "학사의 짧은 편지"라는 뜻이다.

"우리 할아버지가 (평안도) 성천부사(成川府使)로 있을 때에 평양감사는 바로 학사(鶴沙) 김응조(金應祖)였는데, 그가 우리 할아버지에게 보내온 편지 한 장이 지금까지 상자 속에 간수되어 있다. 자로 재면 세로는 아홉 치, 가로는 한 자 두 치에 불과하며 종이 또한 품질이 얇고 나쁘다. 평안도는 서쪽에서 풍요로운 지방이었고 감사는 존귀한 벼슬인데도 재정을 이와 같이 절약했으니, 그 당시 풍속도 짐작할 수 있다.

지금 수령들이 친구에게 보내는 편지를 보면 종이 품질이 제일 나쁜 것도 길이와 두께가 이보다 갑절은 되니 종잇값만 따져도 옛날의 예닐곱 배가 넘는 셈인데, 상관에 보내는 편지 종이는 이보다

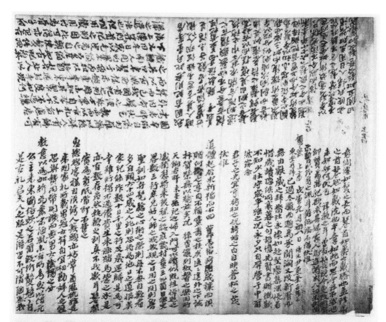

Fig. 2: Yun Tonggyu's letter to Yi Ik, written in 1758. 36.0 × 43.5 cm. Photo courtesy of the Jangseogak Archive at the Academy of Korean Studies (entrusted by the head family of Sonam Yun Yonggyu's descendants within P'ap'yŏng Yun clan in Inch'ŏn). See the online edition for a color version of this image.

윤동규가 1758년 성호에게 보낸 편지가 미국 학술지에 비직선편지의 대표적인 예로 실렸다.

더 좋은 것을 쓰게 되니, 값을 따지면 몇 갑절이나 된다. (줄임)

종이는 사대부 자신이 직접 만드는 것이 아니고, 만들자면 그 재정이 반드시 민간에서 나와야 하는데, 위에서 쓰기만 하는 자는 이를 걱정하지 않으니, 백성을 못살도록 하는 것은 이 종이 한 가지만 봐도 알 수 있다."

미국 에모리대학 한국학과의 조휘상 교수가 미국서지학회 학술지 *The Papers of the Bibliographical Society of America* 116집

(The University of Chicago Press March 2022)에 Embodied Literacy: Somatic Origins of Nonlinear Layouts in Chosŏn Epistolary Culture라는 논문을 발표하면서 성호학파 학자들의 비직선편지를 특이한 형식으로 소개하였다. 그 대표적인 예로 윤동규가 1758년 성호에게 보낸 편지의 사진을 실었는데, 네 번이나 방향을 바꾸어 쓴 편지이다. 종이를 아껴서이기도 하지만, 그만큼 할 말이 많았던 것이다.

편지는 종이보다 마음이 중요하다

편지는 종이가 중요한 것이 아니라 마음이 중요하다. 성호가 『성호사설』 제11권 「정처사(鄭處士)」라는 글에서 형식적인 편지를 꾸짖었다.

"상가(喪家)에 보내는 위문편지의 서식(書式)이 『가례(家禮)』에 실려 있어서, 잘난 사람 못난 사람을 막론하고 자제들을 시켜 그 서식대로 베껴 보낼 뿐이고, 친히 거들떠보지 않으니, 정리(情理)에 맞지 않는다. (줄임) 내가 상(喪)을 당했을 때에 마침 처사 정하령의 아들이 서울에 있었으나 미처 인사가 없어서, 그 역시 서식대로 나에게 편지를 보내왔다. 정처사가 이를 듣고 따로 편지를 써서 보내오기를 '어리석은 자식이, 결례할 수 없다는 정분(情分)만 알고, 겉치레를 하면 안 된다는 의분(義分)을 몰랐으니, 이는 제 마음대로 한 짓입니다. (줄임) 이미 지난 일을 말하려는 것은 아니나, 바로잡지 않으면 의리가 나타나지 않으므로 사실대로 고하고서 질정(質正)을 바랍니다.'라고 하였다. 이 또한 독실한 선비요, 영남의 아름다운 풍속을 볼 수 있다."

한동안 제자들이 전화나 메일로 질문하는 것이 미안해서, 간단한 질문 하나를 하려고 일부러 연구실에 찾아왔다. 이제는 비대면 강의 상황이 되어 그런 일이 없어졌는데, 여전히 편지는 유효하다. 여러 책을 찾아보며 한번 더 생각해 본 뒤에 질문을 모아서 할 수 있으며, 그동안 알고 있던 것들을 되살려볼 뿐만 아니라 미심쩍은 것까지 찾아서 확인해 본 뒤에 대답해 줄 수 있기 때문이다. 편지에는 언제나 그 시점에서 그려낸 자신의 모습이 남아 있다. 【허경진】

도림동에 앉아서
지구와 세계 지리를 연구하다

소남 윤동규 종가에 다양한 책이 전해져 오는데, 그 가운데『곤여도설(坤輿圖說)』은 벨기에 신부 페르비스트(Verbiest, F., 南懷人)가 1672년에 한문으로 지은 세계 지리책이다. 곤여(坤輿)는 수레처럼 모든 것을 싣고 있는 큰 땅이라는 뜻인데, 서양 지리학이 들어오면서 이 땅이 둥글다는 사실을 알게 되어 지구(地球)라는 뜻으로 쓰였다. 도설(圖說)은 그림을 넣어서 설명한 책이니,『곤여도설』은 지도를 비롯한 다양한 그림을 편집하여 지구를 설명한 책이다. 서양에 가보지 못한 동양인들의 이해를 돕기 위해, 페르비스트가 세계 칠대 불가사의(不可思議) 등 흥미로운 서양 문물들을 그려서 넣었다.

성호학파가 중화(中華) 중심의 성리학만 연구하던 노론 학자들과 달랐던 가장 큰 차이는 서학(西學)에도 관심을 가졌다는 점이다. 성호가 긍정적으로 천주교를 비롯한 서양 서적에 관심을 가지자 제자들도 관심을 가졌는데, 권철신은 천주교를 신앙으로 받아들여 순교하고, 소남은 비교적 긍정적으로 검토하였다. 순암 안정복은 비판적으로 대응하여『천학고(天學考)』와『천학문답(天學問答)』

을 저술하였으며, 하빈 신후담은 적극적으로 비판하여 『서학변(西學辨)』을 저술하였다. 성호학파를 좌파와 우파로 나누어 분류하는 학설에 따르면 권철신이나 정약용, 이가환은 좌파, 안정복이나 신후담은 우파, 윤동규는 중도파이다.

성호학파가 서양에 관심을 가지게 된 이유는 물론 성호의 사고 체계가 열려 있었기 때문이지만, 성호의 서재에 천주교나 서양에 관한 책이 많았기 때문이기도 하다. 성호의 아버지 이하진이 1678년 청나라에 진위 겸 진향사(陳慰兼進香使)로 다녀오면서 청나라 황제가 하사한 은으로 수천 권의 책을 사 가지고 왔는데, 이 가운데 상당수가 천주교 및 서양에 관한 책이었다. 성호의 서재에 가장 자주 드나들며 이 책들을 빌려보고 필사한 제자가 바로 소남 윤동규이다.

사대양 오대주에 다양한 인종이 흩어져 사는 지구

1659년 중국에 들어온 페르비스트 신부는 천주교 선교만 한 것이 아니라 천문대 일을 보면서 그동안 잘못 만들어졌던 시헌력(時憲曆)의 오류를 바로잡았으며, 세계 지리와 지도, 천주교 등 다양한 유럽 문화를 소개한 20여 종의 저술을 남겼다. 페르비스트 신부가 『곤여도설』 첫 장에서 이 책의 성격을 이렇게 설명하였다.

"지형, 지진, 산악, 해조(海潮), 해동(海動), 강하(江河), 인물, 풍속, 각 지방의 생산 등에 대해서는 모두 동학인 서양 학자 이마두(利瑪

竇, 마테오 리치), 예유략(艾儒略, 알레니), 고일지(高一志, 알폰소 바뇨니), 웅삼발(熊三拔, 사바틴 데 우르시스) 등의 여러 학자들이 천지(天地) 경위(經緯)의 이치에 대하여 환히 알았으므로 예전에 상세한 논의를 거쳤다. 『공제격치(空際格致)』, 『직방외기(職方外紀)』, 『표도설(表度說)』과 같은 책들이 이미 세상에 간행된 지 오래되었다. 이제 이 책의 내용들을 간략하게 모으고 후학들의 새로운 논의를 많이 더하여, 선현들이 찾아내지 못했던 대지(大地)의 진리를 밝혀내고자 한다.

땅과 바다는 본래 둥근 형상으로 합하여 하나의 구(球)를 이루었다. 지구(地球)는 천구(天球)의 가운데에 있으니, 비유하자면 달걀의 노른자가 푸른 껍질 안에 있는 것과 같다. '땅이 네모나다'고 말한 사람이 있었는데, (하늘이 둥글고 땅이 네모나다는 말은) '일정한 곳에 있으면서 움직이지 않는다'는 성질을 말한 것이지, '그 형체가 네모나다'고 말한 것은 아니다."

"하늘은 둥글고 땅은 네모지다[天圓地方]"는 말은 『주역』「설괘전(說卦傳)」본의(本義)에서 나왔다. 성호는 『성호사설』권2 「천지문(天地門)」에서 '천원지방(天圓地方)'을 이렇게 설명하였다.

"『주역』에, '땅의 도는 지극히 고요하며 덕이 방정하다[坤道至靜而德方]' 했으므로 '하늘은 둥글고 땅은 모나다는 설[天圓地方說]'이 생기게 된 것이다. 방(方)은 평(平)과 같으므로 네 면이 네모로 되어 있다면 한 면이 한 모가 되는 것인데, 사람이 땅을 밟고 하늘을 이고 보니, 지면은 평평하고 하늘은 둥글게 덮고 있는 듯하므로 이런 말이 있게 된 것이다."

　페르비스트는 우주 속의 지구를 설명하기 위해 중국의 옛 학자 갈홍(葛洪)의 달걀노른자 비유를 들고, 유학자들의 천원지방(天圓地方)설을 재해석하였다. 성호도 이를 받아들여 천원지방과 둥근 지구가 서로 모순되지 않는다고 설명한 것이다.

　『곤여도설』은 『직방외기』를 넘어선 당대 최신의 한문 세계지리서인데, 소남도 예전에는 알레니(Giulio Alleni, 艾儒略)가 지은 『직방외기』를 읽고 세계지리를 이해하였다. 소남이 『직방외기』에서 설명한 조수(潮水)에 관해 스승에게 질문하자, 성호가 그보다 발전된 『곤여도설』의 내용을 들어서 설명하였다.

　"천하 (각국의) 조수 시간의 차이는 달에 의하여 발생하고, 힘이 크고 작은 것은 태양에 의한 것이다. 이것은 이 땅 위에 어디에서나 마찬가지이니, 남회인(南懷仁)의 『곤여도설』에서도 증명된다."

　소남이 이 말을 듣고 성호에게서 『곤여도설』을 빌려다가 필사한 책이 지금 종손의 집에 전하는 필사본이다. 『곤여도설』 상권에는 곤여(坤輿, 지구)에서 각국의 인물에 이르기까지 15조항에 달하는 지리 통론의 내용이 서술되어 있고, 하권에는 오대주(五大洲) 각국의 풍토·인정·명승 등에 관한 인문지리 내용과 사해총설(四海總說), 해상(海狀)·해족(海族)·해산(海産)·해선(海船) 등 해양지리의 내용이 수록되어 있다.

　소남이 이 책 마지막 장에 「서양 천문 책명(西洋天文册名)」으로 『기하원본(幾何原本)』, 『천지의해(天地義解)』, 『건곤체의(乾坤體義)』,

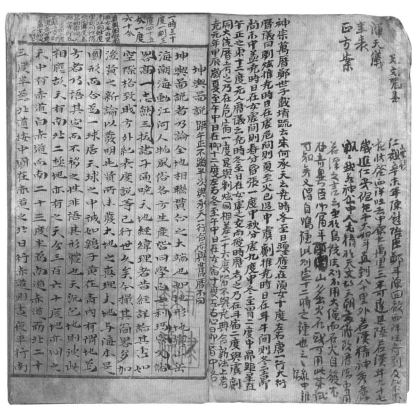

『곤여도설』 첫 장에 윤동규의 도장과 함께 여러 가지 주석이 적혀 있다.

『간평의(簡平儀)』, 『혼개통헌도설(渾蓋通憲圖說)』, 『측량의(測量義)』, 『천문략(天文略)』 등의 서양 천문서적을 적었고, 「산법 부 잡서(算法付 雜書)」에 『동문산지(同文算指)』, 『태서수법(泰西水法)』 등의 산법서(算法書)와 『천주실의(天主實義)』, 『칠극(七克)』 등의 본격적인 천주교 교리서 제목들도 적었다. 소남과 순암이 주고받은 편지에 이 책들에 관한 내용들이 실려 있다. 『곤여도설』은 현재 소남 종가에

『곤여도설』 마지막 장에 서양 천문과 천주교에 관한 서적 제목들이 적혀 있다.

상권만 남아 있는 국내 유일본이다.

2021년에 여러 전공의 학자들이 『소남선생문집』을 8권 번역하고, 필자가 『소남 선생이 필사한 곤여도설』이라는 제목으로 『곤여도설』을 번역하였다. 「소남윤동규총서」 제2권으로 출판하였으니, 인천 시민들이 둥근 지구를 연구하며 서학(西學)에 전념하였던 소남의 세계관을 엿볼 수 있게 된 것이다. 【허경진】

도림동에 앉아서
하늘과 땅의 지도를 꼼꼼하게 그리다

실학자 소남 윤동규의 대표적인 저술 가운데 하나가 「사수변(四水辨)」이다. 우리나라 사람들이 우리나라 역사에 어두운 현실을 탄식하여, 고대사에 등장하는 자수(紫水), 패수(浿水), 열수(洌水), 대수(帶水)의 위치를 고증하여 우리의 옛 영토를 밝혀내려고 「사수변」을 저술하였던 것이다. 소남 종가에 북계도(北界圖)라고 명명한 지도가 있는데, 수많은 산줄기와 강줄기를 그리고 공백에는 자세한 고증을 덧붙였다.

성호 이익의 실학적 연구 성과를 집대성한 『성호사설』은 분량이 방대하여 20세기 초까지 간행되지 못하고 필사본으로만 일부 유통되었는데, 뒷날 연희전문학교 교수가 된 위당(爲堂) 정인보(鄭寅普)가 이본들과 교감(校勘)하여 1929년 문광서림에서 활자본으로 간행하였다. 정인보가 이 책의 서문에서

선생이 돌아가신 뒤에 뛰어난 분들이 그 궤범을 이어받았다. 안순암(安順菴)은 『동사강목』을 지어 열조의 일을 꿰어 기록하였는

「북계도」가 많이 훼손된 상태인데, 하루빨리 복원하여 연구할 필요가 있다.

데 의법(義法)에 가장 엄정하였고, 윤소남(尹邵南)은 「사수변(四水辨)」을 지어 실제를 징험하고 진리를 구하였는데, 모두 선생의 가르침에 근원을 둔 것이다.

라고 소개하여, 순암과 소남의 학문이 『성호사설』의 궤범을 이어받았다고 평가하였다. 소남의 문집이 공개되지 않았으므로 정인보는 아마 문집을 제대로 볼 수가 없었을 텐데, 성호나 순암의 문집에서 소남이 「사수변」을 완성하기 위하여 이들과 주고받은 편지만 읽어보고도 "실제를 징험하고 진리를 구하는[徵實求是]" 학자적인 태도를 인정한 것이다. 소남의 "징실구시(徵實求是)"야말로 조선 후기 실학자들이 학문하는 목적인 실사구시(實事求是)와 같은 뜻이다.

별자리 지도를 입체적으로 그리다

실제를 징험하고 진리를 구하는[徵實求是] 연구 방법 가운데 하나가 추상적 이론이나 탁상공론보다 지도를 그려서 시각적으로 설명하고 입증하는 방법이다. 그가 필사하여 연구한 페르비스트 신부의 세계지리서 『곤여도설(坤輿圖說)』도 도설(圖說)이라는 이름에 걸맞게 지도를 비롯한 다양한 그림을 편집하여 지구를 설명한 책이거니와, 소남 종가에 다양한 지도가 아직도 남아 전하고 있다.

하늘의 별자리는 지상에서의 거리가 서로 다른 우주 공간에 펼

쳐져 있기 때문에, 종이 한 장에 정확하게 그릴 수가 없다. 이러한
문제점과 해결책을 이익이 『성호사설』에서 지적하였다.

지금 서양에서 나온 방성도(方星圖)를 보면 중국의 것과 다르다.
더러는 연결한 선만 있고 별은 없는데 이는 그곳에서 망원경으로
본 것이다. 금성(金星)이 달보다 크다든가 태양이 지구보다 더 크다
든가, 은하는 별의 빛이라든가 금성과 목성(木星)에 귀가 달렸다든
가 하는 따위는 눈만 가지고는 알 수 없는 것이며, 터무니없는 말

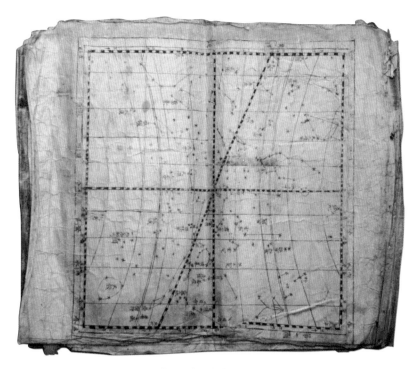

윤동규가 그린 방성도 6장

민명아 신부가 제작하고 서창재가 1764년에 채색 필사한 방성도를
육면체로 만들어본 형태(서울역사박물관)

이 아닌즉 그대로 따라야 한다. …

인간은 대지의 한쪽 구석에 살고 있으니 전체를 다 볼 수 없는
것은 당연하다. 그러므로 아래쪽에 또 한 폭이 있어야 된다는 사
실을 모르는 사람이 대부분이다. 우리는 이렇게 견문이 좁았다.
천체는 원형인데 그림은 평면으로 나타나기 때문에 평면도는 어쩔
수 없이 중간 부분은 촘촘하고 바깥 부분은 엉성하게 되지만 실제
는 그렇지 않다. 방도(方圖)는 여섯 폭으로 나누었다. 대체로 일반
사람이 눈으로 볼 수 있는 곳이란 사방의 일면에 불과하다. 하늘
동서의 적도(赤道)가 3백 60도라면 남북도 마찬가지인데 눈으로 볼
수 있는 것은 상하·좌우로 90도에 불과하다. 이를 분리하여 90도
씩 나누어서 방도는 상하를 두 폭, 사방을 네 폭으로 만들어 거리

에 따라 촘촘한 상태가 일정하고 틀리지 않게 하였으니, 그 착상
이 매우 세밀하다.　　　　　　　　　　 －『성호사설』 권2 「천지문」

소남이 필사한 『곤여도설』 마지막 장에 자신이 성호에게 빌려
서 필사하여 소장하고 있던 양마락(陽瑪諾, Emmanuel Diaz, Junior)
의 『천문략(天問略)』과 민명아(閔明我, Philippus Maria Grimardi)의
『방성도(方星圖)』 목록이 실려 있는데, 페르비스트 신부의 조수인
민명아 신부가 제작한 방성도에 모두 1,876개의 별이 실려 있다.
소남 종가에는 방성도 여섯 장이 다 남아 있어서 사방과 상하를
다 이어주면 주사위 모양의 우주공간을 재구성할 수 있다. 성호가
1755년 정현로에게 보낸 편지에 "방성도는 구하기가 매우 어려운
지도이니 찾아서 돌려주기 바랍니다."라고 재촉한 것을 보면, 성호
의 방성도는 이때 없어졌을 가능성이 있다.

바깥 세상에 관심을 가져 천하의 지도를 그리다

소남의 서재에 전하는 지도들은 모두 그가 다른 책들을 보고
베낀 것이다. 『천하총도(天下總圖)』라는 뭉치에는 중국 전역 지도
인 「천하총도」를 비롯해 북경을 중심으로 한 하북 지역의 「북직
예도(北直隸圖)」, 남경을 중심으로 한 강남 지역의 「남직예도」에서
운남성, 귀주성의 지도에 이르기까지 19매의 지도가 한데 묶어져
있다.

『천하총도』 19매 뭉치

　윤동규가 보던 책들을 들추다 보면 편지나 제문, 방문 등이 끼어 있기도 한데, 『서경(書傳)』 속에 20여 매나 되는 만주와 일본 지도가 끼어 있는 것은 특별한 경우이다. 구겨지지 않게 잘 보관하려고 두툼한 책에 넣어두었던 듯한데, 그 덕분에 다른 지도들과는 달리 마치 어제 그린 듯 글씨 한 자 선 하나가 또렷하다.

　2매로 구성된 『왜국지도(倭國地圖)』에는 "강항(姜沆)의 『수은집(睡隱集)』「간양록(看羊錄)」 도본(圖本)"이라고 써서 출전을 밝혔는데, 같은 형태이지만 원본보다 훨씬 자세하게 설명을 덧붙였다.

　나머지 20여 매는 동쪽 두만강과 백두산부터 서쪽 산해관(山海

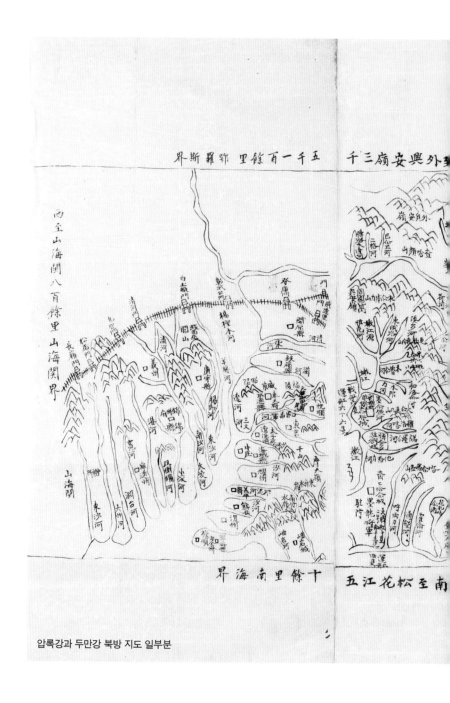

압록강과 두만강 북방 지도 일부분

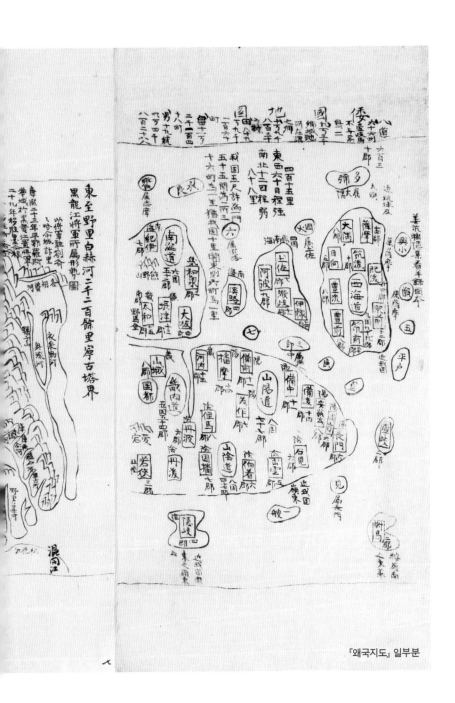

『왜국지도』 일부분

關)까지 만주와 요동반도 일대의 행정구역과 군사 요새들을 그린 지도인데, 「장백산도(長白山圖)」, 「봉천장군 소속형세도」, 「영고탑 장군 소속형세도」, 「흑룡강장군 소속형세도」, 「천산도(千山圖)」 등의 제목에 보이듯이 백두산과 압록강, 두만강 주변의 지도들이 중심이다.

소남이 시헌서 속장에 필사했던 『성경통지(盛京通志)』 원본에 실려 있던 중국 지도 가운데 우리나라 국경과 관련된 지도들을 베껴 놓은 듯하다. 두세 장에 나누어 그렸기 때문에, 일련번호를 확인하여 짝을 맞춰 보아야 한다. 원본을 사진이라도 찍은 듯 꼼꼼하게 베껴낸 이 지도들을 다 연구하면 자수(紫水), 패수(浿水), 열수(洌水), 대수(帶水)의 위치를 고증한 그의 논문 성과가 구체적으로 입증되리라 기대된다. 【허경진】

『장백산도』에 토문강, 혼돈강 등의 강줄기가 보인다.

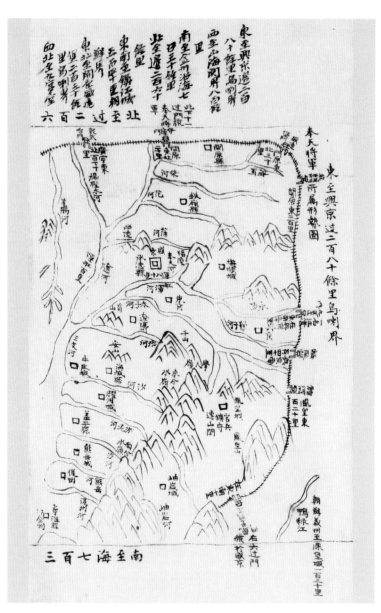

봉천장군 소속형세도 상단에 사방 거리를 기록하고,
우측 하단에 조선까지의 거리를 기록했다. 강줄기 열 개의 이름이 보인다.

『동몽수지』를 필사하여 인천 어린이들을 가르치다

서당에서 처음 『천자문』을 외운 뒤에 배우는 책이 바로 『동몽수지(童蒙須知)』이다. "어린이들이 꼭 알아야 할 책"이라는 뜻이다. 유교 서적 가운데 『논어』, 『맹자』, 『대학』, 『중용』이 널리 알려졌지만, 가장 많이 배웠던 책은 『천자문』이나 『동몽선습』, 『동몽수지』이고, 그다음이 『소학』이다. 상급과정으로 올라갈수록 진학자가 당연히 줄어들기 때문이다. 책 이름만 놓고 본다면 『천자문』은 유치원, 『동몽수지』와 『소학』은 초등학교, 『논어』, 『맹자』는 중고등학교, 『대학』은 대학 교과서인 셈이다.

『천자문』은 천 개의 한자를 배우는 책인데, 글자만 많이 안다고 사람답게 살 수는 없다. "어릴 적 버릇이 여든까지 간다"는 속담이 있는 것처럼, 초등학교를 다니면서 여러 가지 좋은 습관을 연습하는 것이 중요하다. 『동몽수지』는 어른에게 인사하기, 일찍 자고 일찍 일어나기, 남들이 물어보면 또박또박 대답하기, 깨끗하게 옷 입기, 이런 생활 습관들을 가르치는 책이다.

『동의보감』에서는 어린아이를 나이에 따라 세 가지로 구분하였다. 처음 태어나 얼마 되지 않은 아이는 영아[初生日嬰兒], 3세는 소아[三歲日小兒], 10세는 동자[十歲日童子]라고 하였으니, 동자는 어린아이 가운데 비교적 어른인 셈이다.

향교에 공부하러 다니는 학생을 교생(校生)이라고 불렀는데, 8~10세 정도의 어린이들은 동몽(童蒙)이라고 불렀으며, 교생 정원에 포함시키지 않았다. 서울의 사부 학당에는 이들을 가르치는 동몽교관(종9품)이 있었다. 『동몽수지』는 초등학교 3~4학년 어린이들이 배우기에 적당한 책이다.

로버트 풀검이라는 미국 작가가 30년 전에 『내가 정말 알아야 할 모든 것은 유치원에서 배웠다』는 책을 써서 세계적으로 많이 팔렸다. 우리나라 선조들은 서당에서 『천자문』과 『동몽수지』를 배우고 나서, "내가 정말 알아야 할 모든 것은 서당에서 배웠다"고 말했을 것이다. 과거시험을 치지 않을 일반인들은 더 이상 공부할 필요가 없었기 때문이다.

"『동몽수지』보다 더 좋은 책이 없다"고 칭찬한 중종

조선시대에는 임금도 날마다 공부했다. 어느 날 이약빙이라는 학자가 중종에게 강의하다가 이렇게 말했다.

"경상도 관찰사 김안국이 『동몽수지』라는 책을 찍었는데, 어린이가 할 일을 뽑아서 만든 것입니다. 음식이라든가 옷같이 날마다 생활하는 일이 모두 써 있으니, 이 책으로 원자(왕세자)를 가르치면 좋겠습니다.”

그러자 중종이 이렇게 말했다.

“이 책에는 사람이 평생 배우고 행할 이야기들이 들어 있다. 이 책보다 더 좋은 책은 없다. 『동몽수지』는 어린이들이 꼭 배워야 할 책이다.”

공자의 말을 기록한 『논어』나 맹자의 말을 기록한 『맹자』는 어린이들이 배우기에 너무 어려웠다. 그래서 송나라 때에 주희(朱熹)가 제자 임용중과 함께 어린이들이 배우기 쉽게 『동몽수지』라는 책을 썼다. 주희의 제자인 유자징은 중학생 수준의 학생들이 배워야 할 『소학(小學)』이라는 책을 썼다.

『소학』이라는 제목을 들으면 초등학생 어린이들이 배워야 할 것 같지만, 옛날 사람의 이름이나 역사 이야기가 많이 나와서 생각보다 어려웠다. 그러나 『동몽수지』는 어린이 눈높이에서 공부하는 방법을 설명한 책이기 때문에 쉽다. 『천자문』을 배울 때에는 날마다 “하늘 천, 따 지” 하면서 글자만 몇 자씩 배웠는데, 『동몽수지』에는 자기들 같은 어린이의 이야기가 나오니까 실감나게 배웠다.

송나라 때에는 여기저기에 서당이 많이 생겼는데, 공부하는 방법이나 규칙을 설명한 학규(學規)를 날마다 외웠다. 소리를 내서 크게 읽다 보면 저절로 외워지고, 외우기만 한 것이 아니라 책에 쓰인 대로 습관이 들었다. 『동몽선습』에는 목차에 오륜(五倫)이 차례로 나와서 다 가르쳤지만, 『동몽수지』에는 군신유의(君臣有義), 부부유별(夫婦有別) 설명이 없다. 어린이들의 이야기가 아니기 때문이다.

남들이 하지 않는 방법으로 공부에 도전했던 소남 윤동규

소남 윤동규는 어린 시절에 치열하게 공부하였다. 남들은 『천자문』을 "날 일(日), 달 월(月), 찰 영(盈), 기울 측(昃)", "찰 한(寒), 올 래(來), 더울 서(暑), 갈 왕(往)" 순서로 외웠는데, 그와 가장 친했던 후배 순암 안정복이 그의 행장을 지으면서 이렇게 썼다.

"(윤동규는) 겨우 말을 배울 무렵에 주흥사가 지은 『천자문(千字文)』을 배웠다. 세로로 외울 때에도, 가로로 외울 때에도, 한 글자도 틀리지 않았다."

요즘은 책을 가로로 쓰지만. 옛날에는 세로로 썼다. 그러니까 『천자문』은 세로로 읽어야 뜻이 통한다. "해와 달은 찼다가 기운다", "추위가 오면 더위가 간다." 같은 구절은 줄거리가 있으니까 외우기도 쉽다. 그런데 『천자문』을 요즘 책처럼 가로로 읽어보면 문장이 안 된다. "날 일(日), 별 진(辰), 추울 한(寒), 가을 추(秋)"라는 네 개의 글자를 읽을 수는 있지만, 줄거리가 없으니까 외워지지가 않는다. 그런데 윤동규는 남들이 하지 않는 방법으로 공부에 도전했던 것이다.

『동몽수지』를 직접 써서 인천 어린이들을 가르쳤던 윤동규

조선시대에는 16세가 된 남자에게 호패를 만들어 주었다. 삼백 년 전에 만들어진 윤동규의 호패에는 "윤동규, 서부, 을해생, 서학

가장 오른쪽에 윤동규의 할아버지 윤성수의 호패가 보이고, 그다음이 을해생 서학생 윤동규의
호패이다. 한 세대가 30년이라면 이 호패 여섯 개에 200년 윤씨 집안의 역사가 담겨 있다. 가장
큰 호패는 증손자 극배의 호패인데 을유문과, 즉 을유년에 문과에 급제했다고 새겨져 있다.

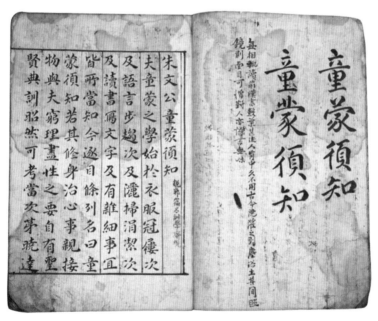

소남 윤동규가 직접 필사하여 가르친 『동몽수지』

생"이라는 네 가지 정보가 적혀 있다. "서부 동네에 살고, 1695년
에 태어났으며, 서학이라는 학교에 다니는 학생 윤동규"라는 뜻이
다. 윤동규는 공부가 너무 좋아서 과거시험도 보지 않고 평생 책
만 읽다 보니 환갑이 넘은 뒤에도 학생으로 살았다.

소남 윤동규의 도림동 서재에는 인천 어린이뿐만 아니라 광주
에 살던 순암 안정복의 아들까지도 도림동에 장가들어 글을 배웠

소남의 후배인 순암 안정
복이 『동몽수지』 목판본
뒤에 "윤동규 어른은 『동
몽수지』를 주자가 직접
쓰지 않았다고 생각하는
듯하다"는 견해를 붓으로
써 놓았다.

다. 성호 선생의 아들 이맹휴가 윤동규를 처음 보고는 안정복에게 이렇게 말했다.

"소남 선생의 첫인상이 비가 그친 뒤에 맑게 개인 하늘 같고, 밝은 달빛 같다."

얼굴이 그렇게 생겼다는 뜻이기도 하지만, 마음이 맑은 사람이라는 뜻이기도 하다. 소남의 서당은 날마다 봄바람이 부는 것처럼 따뜻해서, 어린이들이 모두 아버지처럼 소남을 따랐다. 친구들끼리 서로 도와주고, 모르는 것을 가르쳐 주었다. 소남이 『동몽수지』를 직접 써서 어린 제자들의 인생 공부를 시작하게 해주었다.

소남 종가에 있는 책들은 목판본이나 활자본으로 출판된 것도 많지만 소남이 직접 베껴 쓴 책도 많다. 천주교 책들은 살 수가 없으니 성호 선생에게 빌려다가 베껴서 읽었고, 자기가 공부하려는 책은 다른 책의 뒷장에다 작은 글씨로 깨알같이 베껴서 읽었다. 그러나 어린 학생들을 가르치려는 책은 깨끗한 종이에 해서체의 큰 글씨로 또박또박 썼다. 어린 학생들이 읽어보고, 그 글씨를 본떠서 베껴 쓰게 한 것이다.

소남 윤동규가 인천 어린이들을 가르쳤던 『동몽수지』를 구지현 교수가 쉬운 문장으로 번역하고, 인천 어린이들이 『동몽수지』의 가르침을 실연하는 모습도 사진으로 찍어 함께 편집하였다. 친필 영인본과 학부모가 함께 읽을 『동몽수지』 설명문도 실었다. 초등학교 교장들의 모임인 소남인성학교에서 인천 여러 지역을 순회하며 소남 선생의 『동몽수지』를 가르칠 날이 기다려진다. 【허경진】

7대에 걸친 소남 집안의
과거시험 답안지와 합격자 명부

소남 윤동규 자신은 일찍이 과거시험 공부를 중단하고 성호 문하에 드나들며 실학 연구에 몰두하였지만, 그의 아버지 윤취망은 25세 되던 1699년 생원시(生員試)에 합격하였다. 취망뿐만 아니라 그와 같은 항렬인 취빙(1679년 생원시), 취리(1679년 진사시), 취일(1723년 생원시), 취함(1713년 문과)과 소남의 사종동생 동벽(1754년 진사시) 등이 인천 도림동에 거주하면서 생원, 진사, 문과 등 다양한 과거시험에 합격하였다. 이 가운데 윤취일은 성호 문하에서 소남과 함께 공부한 선배이기도 하다.

과거시험 문제는 넓은 범위에서 출제되었고, 정해진 시간에 많은 분량의 답안지를 제출해야 했으므로, 응시자들은 예상 문제를 정리하여 답안지를 쓰는 요령을 연습하였다. 소남의 종가에 후손들이 공부하던 십여 권의 과거시험용 교재들이 전해지는데, 선조들의 답안지도 물론 후손들에게 훌륭한 모범답안이 되었다.

7대에 걸쳐 이백 년 동안 응시하였던 시험 답안지

윤동규 종가에는 아버지 취망의 시권(試券)부터 손자 신, 증손자 극배를 비롯하여 석구, 지수에 이르기까지 7대 이백 년에 걸친 시권이 보관되어 있다. 이 가운데 극배의 손자인 석구는 1885년 진사에 합격하였고, 석구의 아들 지수는 시험공부 삼아 열심히 시를 짓다가 갑오개혁(1894) 때에 과거제도를 폐지하면서 진사시험에 응시할 기회가 없어졌다. 지수의 시권은 신묘년(1891) 8월에 제출했던 것이니 거의 마지막 시기의 답안지인 셈인데, 지수는 종손 형진의 증조부이다.

시권은 응시자가 구입하여 검사관에게 제출한 다음, 종이 질이나 크기가 규격에 맞는지 확인하고, 도장을 찍어서 돌려주었다. 도장 찍은 시권을 응시자가 돌려받아 답안을 써서 제출하면, 채점이

소남 종손의 증조부 윤지수의 마지막 시권

끝나서 합격자를 발표한 뒤에 합격자에게만 채점한 성적이 쓰여 있는 답안지를 돌려주었다. 불합격자의 답안지는 폐기처분하거나 재생하여 활용하였다. 종가에 한 사람의 시권이 여러 장 있는 것은 여러 가지 다양한 시험에 응시하였기 때문이다.

소남의 맏아들 이름은 광로(光魯)인데, 소남이 『논어』를 공부하던 시기에 태어났다고 하여 노(魯)나라라는 글자를 넣어 이름을 지었다. 13세부터 글을 잘 짓더니 20세에 문장이 크게 이루어져 향시(鄕試)나 향교에서 이름났다. 공도회(公都會)에서 시험을 치를 때에 처음에 장원하여 이름이 널리 알려졌다.

공도회는 각 도의 감사가 관내의 유생을 대상으로 시행하는 소과(小科) 초시(初試)인데, 보통 6개월마다 교생(校生)을 선발하여 한곳에 모아 놓고 문관을 파견하여 강론(講論)이나 제술(製述) 등을 실시한 뒤에 성적이 우수한 자를 선발하여 복시(覆試)에 응시할 자격을 주었다.

인천에 살던 광로가 장원한 공도회는 1745년 경기감영에서 시행되었는데, 사헌부 지평(정5품) 구윤명(具允明)이 시험을 주관하고, 「감송소금사(感送蕭琴士)」라는 제목을 출제하여 부(賦)를 짓게 하였다. 광로가 이 시험에서 삼상(三上)의 높은 성적으로 장원하여 유명해졌다. 경기도 공도회에서는 제술(글짓기) 합격자 3명을 이듬해 진사 복시(2차 시험)에 응시할 자격을 주었다.

광로가 제출한 답안지는 한 구절이 여섯 글자로 된 산문시로, 송나라 성리학자 진덕수의 『서산문집』에 실려 있는 「소장부에게

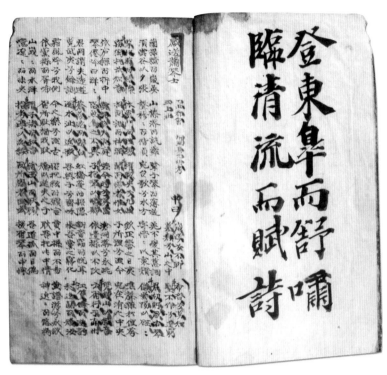

윤광로의 유고집 『선고』 첫 장에 "을축년(1745) 도회. 삼상(三上) 장원. 구윤명 심사"라고 밝혔으니, 28세에 지은 과부(科賦)이다.

지어주는 서[贈蕭丈夫序]」를 제목으로 삼은 작품이다. 과거시험 응시생들이 주로 읽어보는 『사문유취(事文類聚)』에 실려 있어, 예상 문제 가운데 하나이다.

　소장부(蕭丈夫)라는 사람은 거문고의 명인인데, 주자의 문하에서 진덕수와 같이 있었다. 진덕수가 지어준 서(序)는 "지금은 전아한 옛 음을 연주하는 사람이 없는데, 이 소장부가 홀로 이 옛 음을 지키고 변하지 않았다"고 격려하는 내용이다. 서가 끝나는 부분에 진덕수가 소장부와 술 마시며 지어준 시가 실려 있다.

구윤명이 공도회 응시자들에게 이 문제를 출제한 의도는 "진덕수의 입장에서 소장부를 보내며 느낀 감흥을 대신 풀어보라"는 것이다. 광로가 오백 년 전 진덕수가 되어 작성한 답안지가 구윤명의 마음에 들어 삼상(三上) 장원에 합격하였다.

그러나 아내가 먼저 세상을 떠나자 소남이 아들 부부에게 살림을 맡겨 광로가 생계를 유지하느라 고생하다가 8년 뒤에 병이 들었으며, 이듬해에 세상을 떠났다. 광로가 과거시험 답안지를 잘 쓰고도 문과에 급제하지 못하고 세상을 떠나자, 그의 아들 신이 답안지를 수집하여 『선고(先稿)』라는 책을 편집하였다.

합격자에게 나누어 준 동기생 명부 방목

방목은 과거시험 합격자 명부인데, 생원시와 진사시 명부는 사마방목, 문과 합격자 명부는 문과방목이다. 첫 장에는 시험 장소와 시험관의 이름 및 직위를 쓰고, 본문에는 생원시 1등부터 성적 순으로 합격자의 이름, 자(字), 생년 간지, 본관, 거주지, 부친의 이름과 벼슬을 기록하였다.

소남 종가에는 진사시와 생원시 합격자 명부인 『사마방목』이 십여 권 소장되어 있으니, 그 숫자만큼의 합격자가 배출된 셈이다. 이 가운데 윤극배가 경오년(1810) 진사시에 합격하여 받은 『경오사마방목』 표지 뒷장에 "윤진사 극배 댁"이라 적혀 있어 주인을 알 수

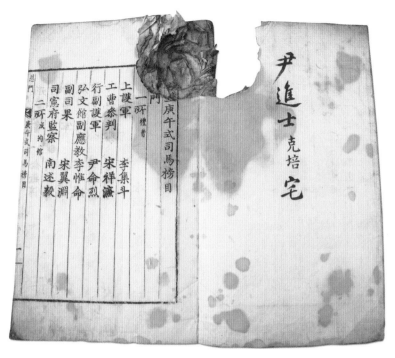

『경오사마방목』 표지 뒷장. 윤진사 극배 댁

있고, '윤극배' 명단에서 구경하(具慶下)라고 쓴 것을 보면 부모가
모두 살아있는 동안에 합격한 사실도 알 수 있다. 자시하(慈侍下)는
어머니만 살아 계시고, 엄시하(嚴侍下)는 아버지만 살아 계시며, 영
감하(永感下)는 부모가 모두 세상을 떠난 뒤에 합격한 경우이다.

과거시험 합격자가 많지 않은 인천에서 이만한 분량의 과거시험
참고서, 시권, 교지 등을 삼백 년 넘게 간직한 종가는 찾아보기 힘
들다. 소남의 종가에서는 생원과 진사를 대대로 배출한 것만으로
도 양반의 위상을 유지할 수 있었다. 【허경진】

왕에게 하사받은 책들

　문치(文治)를 기반으로 하던 유교국가에서 책은 높고 낮은 가격을 떠나 귀중했으며, 특히 왕이 하사하는 내사본(內賜本)은 가문의 영광이기도 했다. 왕의 곁에서 벼슬하는 관원들은 그나마 업적을 인정받아 하사받을 기회가 있었지만, 벼슬하지 않은 일반 백성에게는 하늘의 별따기였다. 왕이 치르는 시험에 우수한 성적으로 합격하여 내사본을 받는 길밖에 없었다.

　『한국민족문화대백과사전』에서 반사본(頒賜本)의 정의를 "임금의 명령에 의하여 승정원 승지 또는 규장각 각신이 특정의 문신·관원 및 관서·사고·향교·서원 등에 내려준 책. 내사본(內賜本)"이라고 설명하였는데, 정조 때에 규장각을 설치하고 문학을 장려하면서 각종 과거시험에 수석으로 합격한 응시자에게도 내사본을 내렸다. 예전에는 승정원에서 책을 내렸지만, 이때부터는 정조의 자문기관이기도 한 규장각에서 내려주었다.

　현재 윤동규의 종가에 소장되어 있는 내사본으로는 윤신이 받은 3종이 확인된다. 정조의 일기인 『일성록(日省錄)』에서 윤신이 내사본 받은 사연을 검색해 보자.

『일성록』 정조 11년(1787) 1월 27일

희정당(熙政堂)에서 주강(晝講)을 행하고, 이어 초계문신(抄啓文臣)의 친시(親試)를 행하였다.

이어 친시의 표제와 비교의 부제로 거재(居齋)하고 있는 성균관의 유생이 응제하도록 명하였다. … 표(表)에서 삼상을 맞은 진사 엄기, 부(賦)에서 이중(二中)을 맞은 윤신(尹愼) 이하에게 각각 『팔자백선(八子百選)』과 지, 필, 묵을 차등 있게 내렸다.

이즈음에 『팔자백선』을 인쇄하였으므로, 윤신은 이듬해 시험에서도 또 한 차례 『당송팔자백선』을 받았는데, 이날은 부권(賦券) 1,707장 가운데 최상의 성적을 받았다.

『일성록』 정조 12년(1788) 3월 9일

어저께 "봄 강물에 배를 띄우니 하늘 위에 앉은 듯하네.[春水船如天上坐]"로 부제(賦題)를 삼아서, 성균관 유생 및 방외(方外) 유생들에게 뜻대로 하나를 골라 지어 올리게 하였는데, 이에 이르러 성균관이 표권(表券) 840장과 부권(賦券) 1707장을 봉입하였다. … 윤신, 김처광, 홍낙준이 함께 부에서 삼상(三上)을 받았으므로, 비교할 것을 명하였다. "우형주의 백성들이 운토를 사양하다.[虞荊州民人謝雲土]"로 표제를 삼고, "공 있는 사람이다.[功人也]"로 부제를 삼

았다. 표에서는 박종홍이 삼중일(三中一)로 거수(居首)하였고, 부에
서는 윤신이 삼하(三下)로 거수(居首)하였는데, 각기 『팔자백선(八
子百選)』 1건을 하사하였다.

윤신이 제출한 시권에 정조가 채점하고 관원이 점수를 매겨 본
인에게 돌려주었는데, 이 제목은 당나라 시인 두보(杜甫)의 「소한
식 주중작(小寒食舟中作)」 시에서 "봄물 위의 배는 마치 하늘 위에
앉아 있는 것 같고, 노년의 꽃은 안개 속에서 보는 듯하네.[春水船
如天上坐 老年花似霧中看]"라는 구절을 인용한 것이다.

봉창이 열려 있구나 거울 같은 수면 향해,
맑은 빛이 일색이로다 높고 낮은 형상으로.
물결이 바야흐로 일어나고 달은 가까이 있으며
바위는 아직 나오지 않았고 구름이 일어나네.
장오(檣烏)[1]가 평온하여 갈매기가 잠자고
물 위에 앉은 것이 하늘 위에 앉은 듯.
화창한 기운을 타고 배로 나아가
안한(安閑)함을 자랑하나니 강이 평평하다.

---

1 장오(檣烏)는 돛 위에 매단 까마귀모양의 풍향계로, 배를 의미한다. 까마귀가 물길을
잘 안다고 하여 까마귀 형상으로 만들었다. 두보의 「야숙서각효정원이십일조장(夜宿西閣
曉呈元二十一曹長)」에 "문의 까치는 새벽빛에 일어나고, 돛대의 까마귀는 묵었던 곳에서
날도다.[門鵲晨光起, 檣烏宿處飛.]"라고 하였다.

갈관(鶡冠)을 높이 쓰고 배에 오르니,

봄기운은 강에 가득하고 수면이 광활하다.

하룻밤을 놀고 나면 답청의 날,

물빛이 하늘에 접하여 푸른 빛이 허공에 떴고,

꽃 그림자는 일만 이랑 물살에 잠겼으니

이날로 말하면 청명의 날이라네.

내 배에 의지하여 풍경을 완상하니

물은 호호하게 드넓어 봄빛이 가득하다.

구망(句芒)[2]을 초빙하여 박자를 맞추고

기백(箕伯)에게 조칙을 내려 흐름 따라 안전하게 내려간다.

소화(韶華, 봄빛)가 떠서 탕탕(蕩蕩)하니,

무협(巫峽)의 찬 강이 아니로다.

이토록 평평하구나 수국(水國)이여

앉은 모양이 어떠한가 배 위에서.

기슭도 없이 한결같이 푸르고

드넓은 하늘과 함께 길게 뻗었구나.

위와 아래가 가지런하여 같은 색조이고

모난 모양 둥근 모양이 뒤섞여 한가지로 보이네.

---

2 구망(句芒)은 목정(木正)으로 목(木)을 담당하는 귀신인데, 소호씨(少皞氏)의 아들인
   중(重)을 말한다. 『예기(禮記)』「월령(月令)」에 "봄을 주관하는 천제는 태호이고, 그 귀신
   은 구망이다.[其帝太皞, 其神句芒.]"라고 하였다.

배가 마치 오르듯 하니 뱃전을 두드리노라

비록 물에 있다고 하여도 그 사실을 잊었노라.

오궤(烏几)에 의지하여 앉아서 바라보니

별도의 또 한 하늘이 하늘 밖에 있도다.

물가 푸른 봉우리에는 구름이 둘러 있고

기슭의 붉은 꽃은 안개인 듯하네.

맑은 흥을 타서 담탕(淡蕩)하여라,

앉으면 물이 하늘과도 같아라.

요대(瑤臺)가 높이 솟아 있네, 거울 같은 물결 위로

옥경(玉京)이 광활하구나, 안개 낀 모래톱에.

표표(飄飄)하여라 마치 깃이 돋아 날아갈 듯 해라

호연(胡然)하도다 하늘이여 호연하도다 강물이여.

삼양(三陽)³의 시기를 여누나 푸른 허공이.

사면이 평평하여라 자소(紫霄)⁴의 아래로.

몸이 아래에 있어도 마치 높은 곳에 있는 듯하고

맑게 떠 있는 것과도 같은 마음이러라.

---

3 『주역』의 태괘(泰卦)가 정월에 해당하는데, 태괘의 하삼효(下三爻)가 모두 양(陽)이므
로 정월을 삼양이라고 부른다. 하늘과 땅의 기운이 서로 통해 조화를 이루는 정월의 봄날
을 의미한다.

4 '자소(紫霄)'는 '구소(九霄)' 가운데 하나이다. '구소'는 하늘의 가장 높은 곳으로 신선
이 산다고 한다. 신소(神霄), 청소(青霄), 벽소(碧霄), 단소(丹霄), 경소(景霄), 옥소(玉霄),
낭소(琅霄), 자소(紫霄), 태소(太霄) 등 아홉 하늘이 있다.

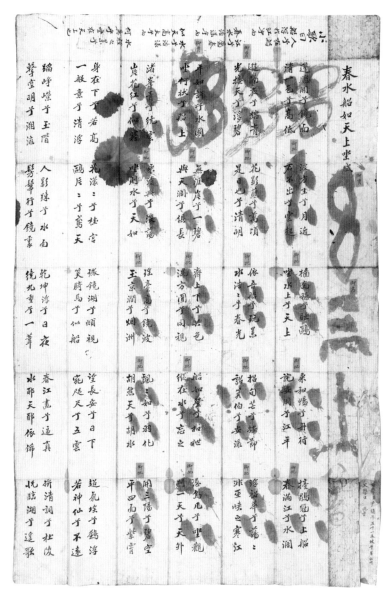

이날 윤신이 제출했던 시권에 「봄 강물에 배를 띄우니 하늘 위에 앉은 듯하네.[春水船如天上坐]」라는 제목과 함께 삼상(三上)이라는 점수가 쓰여져 있다. 구마다 '어비(御批)'라고 쓴 첨지가 붙어 있는데, 정조 임금이 비점을 찍었다는 뜻이다.

꽃은 몽몽(濛濛)하구나 계궁(桂宮)에

물새는 편편(片片)이 나누나, 소리개가 하늘에 닿듯이.

경호(鏡湖)를 빙 둘러 가며 굽어 내려 보고

말을 탄 사람이 마치 배에 앉아 있듯 한 모습을 웃노라.

일하(日下)⁵의 장안을 바라보면,

완연히 오운(五雲)이 지척에 있네.

아스라한 옥 계단을 밟고 올라가서

공명(空明)을 상앗대로 치고 물살을 거슬러 오르네.

사람의 그림자는 수면에 성글어,

거울 속을 가는 듯 방불해라.

건곤천지(乾坤天地)는 밤낮으로 떠 있고

구중천(九重天)을 갈댓잎 같은 편주(片舟)로 빙 도누나.

봄날 강이 핍진한 그림이라

물인지 하늘인지 어렴풋하다.

두릉(杜陵)에서 청사(淸詞)를 짓나니,

황홀하게 호수에 임하여 멀리 노래하노라.

작은 노래는 이러하다 :

---

5 일하(日下)는 옛날에 제왕을 태양에 비유하여 제왕이 거주한 도성을 일컬었던 말이다. 북송(北宋) 시대의 명상(名相) 한기(韓琦)가 일찍이 약관의 나이로 진사(進士)에 급제하여 그의 이름이 두 번째에 들었는데, 막 방명(榜名)을 부르려고 할 때 태사가 아뢰기를 "태양 아래 오색 구름이 나타났습니다.[日下五色雲見]"라고 하므로, 좌우 신하들이 모두 하례(賀禮)를 올렸다는 고사에서 온 말이다.

사람이 배에 있고, 배는 강에 떠 있도다.

강은 봄날이고, 봄물은 넘실넘실대누나.

물이 넘실대어 하늘만큼 높고도 크구나.

물속에 있는 경치여, 하늘 위에 앉아 있는 것과 무어 다르랴?

- 노요한 · 심경호 역

이날 윤신이 정조(正祖)에게서 상품으로 받아온 『당송팔자백선
(唐宋八子百選)』은 규장각에서 찍은 금속활자본인데, 표지 뒷장에
내사기(內賜記)가 쓰여 있다.

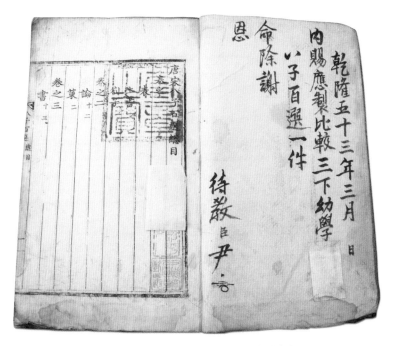

『당송팔자백선』 내사기와 규장지보. 윤신 장서인

"건륭(乾隆) 53년(1787) 3월에 응제(應製) 비교(比較)에서 삼하(三下)를 받은 유학(幼學) 윤신(尹愼)에게『팔자백선』1건을 내사(內賜)한다. (일부러 찾아와서) 은혜에 감사하는 일은 면제한다. 대교(待敎) 윤아무개."

내사기 끝에는 규장각 대교의 수결(手決)이 있고, 본문 첫 페이지에는 규장지보(奎章之寶)와 윤신의 장서인이 찍혀 있는데, 후손들이 휘(諱)하기 위해 윤신의 이름과 도장이 찍혀 있는 부분은 종이로 덮어 놓고 보존하였다.

『일성록』1790년 12월 5일 기사에서도 정조가 희정당(熙政堂)에 나아가 성균관 유생들에게 재차 시험을 실시하고, 삼상(三上)을 받은 유학 윤신(尹愼)에게『정음통석(正音通釋)』을 하사한 기록이 보인다.

○ 전(箋)에서 차상(次上)을 받은 유생 및 부(賦)에서 입격한 유생들이 차례로 뜰에 들어와 예를 행하였다. … "힐리가 일어나 춤추고 풍지대가 시를 읊었다.[頡利起舞 馮智戴咏詩]"로 부제(賦題)를 삼아 응시하게 하였다. 시권을 거두어 (왕이) 친히 채점하였다. (왕이) 전교하였다.

"반유(泮儒)에게 재차 시험을 보인 것은 권장하는 뜻에서 나온 것이다. 전정(殿庭)의 친시(親試)는 사체가 자별한데 더구나 연일 치른 두 시험은 말할 것이 있겠는가. 표(表)에서 거수한 진사 이치훈, 부에서 거수한 유학(幼學) 홍대연은 2분(分)을 주며, 삼상(三上)을

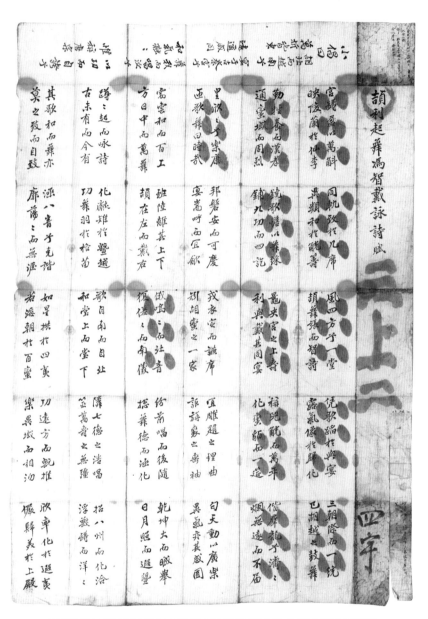

韻利起舞馮智戴詠詩[賦]

윤신이 이날 제출하여 삼상(三上)의 최고점수를 받았던 과지. 「힐리가 일어나 춤추고 풍지대가 시를 읊었다.[韻利起舞 馮智戴詠詩]」라는 부제(賦題)가 크게 쓰여 있다.

받은 유학 윤신(尹慎), 진사 이일위, 삼중(三中)을 받은 유학 남공
철·권중륜·두만형·이광현·조도우 등 7인은 각각 1분을 주며, 삼
하(三下)를 받은 진사 임이주·성해응, 생원 이광보·이홍달, 진사
이익, 유학 임우상 등 6인은 각각 『정음통석(正音通釋)』 1건을 사
급(賜給)하되 … 모두 내일 직접 받게 하도록 성균관에 분부하라."

표에서 수석을 한 진사 이치훈은 인천 장수동에 살았던 성호학
파 이승훈의 아우이다. 윤신이 이날 지은 부(賦)의 출제 의도는 당
나라 정관(貞觀) 8년(634) 3월에 성 서쪽에서 열무(閱武)하던 날의
모습을 재연하라는 것이다. 고조(高祖)가 친림하여 장사들을 위로
하고 돌아가 미앙궁(未央宮)에 술자리를 마련하고는 돌궐(突厥)의

힐리가한(頡利可汗)에게 일어나
춤을 추게 하고 또 남월추장(南
越酋長) 풍지대(馮智戴)에게 시를
읊게 하였다. 고조가 "호(胡)와
월(越)이 한집안이 된 것은 자
고로 없었던 일이다."라고 하자,
태종(太宗)이 "천하가 통일된 것
은 모두 아버님(고조)의 공덕입
니다."라고 축원하였다. 【허경진】

『정음통석』 표지에 '내사'라고 쓰여 있다.

『정음통석』 내사기

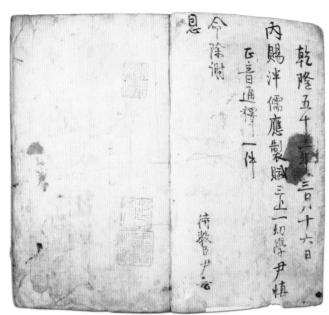

규장지보 옆에 윤신의
장서인이 찍혀 있다.

소남의 책력이
인천의 일기장이 되다

　예전에는 나라에서 일 년 치의 날짜와 연호(年號), 간지(干支),
24절기를 한눈에 알아볼 수 있도록 책력(册曆)을 만들어서 관원들
에게 나눠 주었다. 책력은 왕만이 만들 수 있어서, 관상감에서 천
체의 움직임을 조사하고 중국 시간과의 차이를 반영하여 제작한
책력 말고는 개인이 제작할 수 없었다.

　『선조실록』24년(1591) 2월 10일 기사에 "동지사(冬至使) 정사위
(鄭士偉)와 서장관 최철견(崔鐵堅)이 책력을 받아다가 바로 하인들
에게 주어버리고 빈손으로 와서 복명하였으니, 일이 매우 해괴하
다. 아울러 추고하라."는 기사가 실려 있다. 사신이 중국에서 받아
온 책력을 마음대로 친지에게 나누어주었다가 왕에게 조사를 받
을 정도로 책력은 귀중한 물건이었다.

　조선시대에는 모두 음력을 썼다고 생각하지만, 24절기는 양력
이다. 음력 생일은 해마다 양력과 달라지지만, 춘분, 하지, 추분,
동지 등의 24절기는 양력으로 언제나 같은 날짜이다. 윤동규 종가
에서 소장하고 있는 책력은 대부분 태음력에 태양력의 원리를 적

용하여 24절기의 시각과 하루의 시각을 정밀하게 계산하여 만든 시헌서(時憲書)이다. 서양 신부 탕약망(湯若望, 요한 아담 샬 폰 벨) 등이 천체의 움직임을 계산하고 편찬하여 청나라에서 사용되었던 역법인데, 우리나라에서는 1653년부터 조선 말까지 이를 우리나라 실정에 맞게 수정 계산하여 사용하였다.

윤동규 종가에 소장된 책력은 명칭부터가 조선 후기의 시헌서에서 대한제국의 명시력(明時曆), 조선총독부의 조선민력(朝鮮民曆) 등으로 바뀌어, 국가에서 민간의 시간을 통제한다는 사실을 역사적으로 보여주고 있다.

서기 몇 년에 해당되는 책력인지를 확인하려면 연호(年號)와 간지(干支)를 확인해야 하는데, 청나라 연호인 건륭(乾隆), 가경(嘉慶), 도광(道光), 광서(光緖), 선통(宣統)에서 대한제국 시대의 광무(光武), 일제강점기의 다이쇼(大正)와 쇼와(昭和)까지 다양한 연호가 확인된다. 대청(大淸)이라는 국호를 붙인 까닭은 청나라 표준시를 기준으로 하여 우리나라의 실정에 맞게 다시 계산하여 관상감에서 책력을 제작하였기 때문이다.

종가에 남아 있는 30여 권의 책력 가운데 윤동규가 사용한 책력은 건륭 시대의 기사년(1749), 병자년(1756), 정해년(1767), 임진년(1772)년의 4권인데, 이 가운데 병자년 뒤에는 정축년(1757) 책력이, 정해년 뒤에는 을유년(1765) 책력이 덧붙어 있어서 모두 6권이 남은 셈이다. 임진년 책력은 그가 세상을 떠나기 바로 전 해에 사용한 것이다.

책력은 단순히 날짜만 확인하는 것이 아니라, 24절기를 비롯하여 나라의 제삿날이라든가 금기일(禁忌日) 등의 다양한 정보를 제공하였다. 날짜 아래에는 빈칸이 길게 있었으므로 비망록처럼 간단한 일기를 쓰기도 하였다. 실제로 책력에 썼던 비망기(備忘記)를 편집하여 일기를 만드는 경우도 많다.

조선 전기에는 관상감에서 책력을 적게 찍어 왕족과 상급 관원들에게만 나눠 주었으며, 후기에는 비교적 많이 찍었지만 종잇값을 지급하고 받는 형식이어서 일반인들이 쉽게 구하지는 못하였다. 윤동규가 살던 시대만 하더라도 책을 파는 서점이 따로 없었다.

종이를 아끼는 많은 선비들이 그랬듯이, 소남은 책력을 본래 목적 이외에 일기장이나 공책의 용도로도 사용하였다. 날짜 아래의 빈칸에 이따금 그날의 일상사를 적고, 접혀진 속지를 칼로 잘라서 이면지에는 다른 책의 본문을 필사하였다.

'기사역서(己巳曆書)'라고 표제를 쓴 1749년 책력을 예로 들면, 『대청 건륭 14년 세차 기사 시헌서(大淸乾隆十四年歲次己巳時憲書)』라는 권수제가 인쇄된 첫 페이지 옆의 공백에 사언시(四言詩) 형태의 『예기(禮記)』「공자한거(孔子閒居)」를 필사해 놓았다.

"소리가 없는 음악은 기운과 뜻이 어긋나지 않고, 형체가 없는 예는 위엄과 자태가 여유로우며, 상복(喪服)이 없는 상(喪)은 안으로 인자하여 몹시 슬프다. 소리가 없는 음악은 기운과 뜻이 이미 얻어지고, 형체가 없는 예는 위엄과 자태가 엄숙하며, 상복이 없는 상은 뻗쳐서 사방의 나라에 미친다. … 소리가 없는 음악은 기운

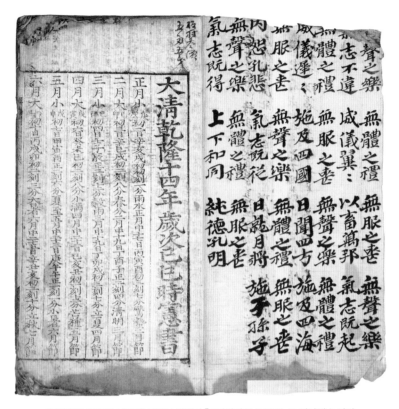

기사시헌서(1749) 내지에 사언시 형태의 「공자한거(孔子閒居)」를 필사해 놓았다.

과 뜻이 이미 일어나고, 형체가 없는 예는 뻗쳐서 사해(四海)에 미치며, 상복이 없는 상은 자손에게까지 뻗쳐간다."

「공자한거」는 자하의 질문에 공자가 대답한 말인데, 자하가 '무복지상(無服之喪)'의 뜻을 다시 묻자 '모든 사람들이 상사가 있을 적에는 급히 달려가서 구원한다.'는 것이라고 설명하였다.

윤동규는 1737년 2월 17일 자로 인천 남촌(南村)의 도리산(道里

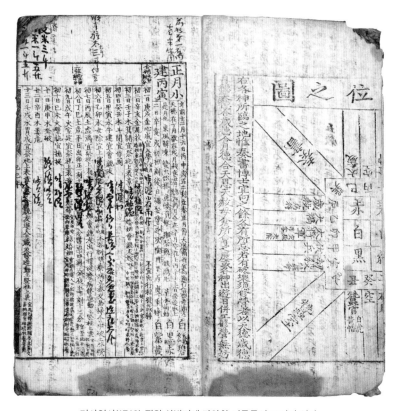

기사역서(1749) 정월 상반기에 다양한 기록들이 쓰여져 있다.

山) 아래에 있던 최인성(崔仁性) 소유의 밭 여러 필지를 모두 71냥에 사들여서 매매 문서를 작성하였다. 그러나 혼자 잘 살자고 땅을 늘린 것은 아니다. 70년 전에 증조부의 종형제 윤명신이 도남촌에서 처가인 청주 한씨들과 결성했던 동계(洞契)를 1742년에 발전시켜 만신동계(晚新洞契)라는 이름으로 재결성하였다. 늦게나마 새롭게 동계를 재결성하였다는 뜻이다. 인천에서 너와 나의 경계가 없는 공동체를 꿈꾸었던 윤동규가 55세 되던 기사년(1749) 첫날 아침에 이 글을 큰 글자로 써서 일 년의 좌우명으로 삼은 것이 아닐까? 이웃들의 애경사를 나의 애경사로 여기자는 무복지상(無服之喪)의 마음가짐이 자손에게까지 이어지기를 바란 것이다.

　윤동규가 여러 해 동안 매달 책력에 적어놓은 기록들을 탈초하여 편집하면 조촐한 한 권의 일기책이 되어, 삼백 년 전 인천에 살았던 양반 학자의 일상사를 소략하게나마 재구성할 수 있을 것이다. 【허경진】

윤동규와 후손들이
인천에서 사들인 땅문서들

조선시대에 토지를 취득하는 방법은 친족으로부터 상속 또는 증여받거나 돈을 주고 매입하는 경우가 대부분인데, 이때 명문(明文)을 작성하여 권리를 보장하였다. 명문은 어떤 사안에 대해 서로 합의하고 그 사실을 명문화(明文化)하여 서로의 권리 의무 관계를 밝힌 문서로, 주로 토지·노비 등의 매매에 사용되었다. 상속이나 증여 때에 작성된 명문은 흔히 분재기(分財記)라고도 하였다.

땅을 사고팔 때에 작성하던 문서들

현재 우리나라에 남아 있는 명문 가운데 가장 많은 것이 논밭이나 가옥의 매매를 증빙하는 토지가사매매명문(土地家舍賣買明文)이다. 명문의 법적인 근거는 『경국대전』에 보인다.

전지(田地)와 가사(家舍)의 매매는 15일을 기한으로 하여 (이 기한이 지나면) 물릴 수 없고, 모두 100일 내에 관(官)에 고하여 입안(立案)을 받아야 한다.【노비도 마찬가지이다.】 소와 말은 5일을 기한으로 하여 물릴 수 없다.

명문은 일종의 계약서를 겸한 영수증이었고, 매수자는 이 명문을 근거로 하여 100일 내에 관청에 입안(立案)을 신청하는 소지(所志)를 제출해야 했다. 이후 관에서는 매매 관련자들, 즉 매도자와 증인, 필집(筆執)에게 그 사실을 확인하는 초사(招辭)를 받아 보고 입안을 발급해 주었다. 요즘 매매 문서를 작성해 주는 부동산업자가 필집인 셈이다. 입안은 공증문서였는데, 대개는 명문 뒤에 관인(官印)을 찍어 주었다. 조선 후기에는 입안이 없이 명문만으로 매매가 성립되기도 했다.

명문 첫 부분에 토지나 가옥을 소유하게 된 경위와 이것을 매도하는 사유를 기록하고, 매도하려는 토지나 가옥이 있는 위치와 그 크기를 서술한다. 행정 구역과 『천자문』 순서대로 부여된 자호(字號)와 숫자 지번(地番)을 적고, 면적은 결부제(結負制)와 함께 두락(斗落, 마지기), 야미(夜味), 일경(日耕) 등의 단위를 썼다. 매도하는 토지를 보다 정확하게 표현하기 위해 해당 전답의 동서남북에 위치한 지형지물을 설명하며 사표(四標)를 작성하기도 한다.

매매 가격은 시기에 따라 단위가 달라졌는데, 17세기 후반 상평통보가 발행되기 전까지는 쌀이나 포목(布木), 소, 말 등으로 거래 대금을 적은 경우가 많았고, 18세기 이후부터는 대체로 상평통보 전문(錢文)으로 표기하였다.

매수인이 매도인에게 그 값을 치르면, 매도인은 예전에 해당 재산을 사들였던 구(舊) 토지매매명문이나 관련 소지, 초사, 입안이나 패지 등을 인도해야 한다. 그 부분을 마지막에 적어주며, 이 명문을 후일의 증거로 삼는다고 적시하였다.

패지(牌旨)는 패자(牌子)라고도 하는데, 지위가 높은 사람이 낮은 사람에게 권한을 위임하던 문서이다. 전답 등을 매매할 때 위임장 역할을 했던 패지, 궁방(宮房)에서 수세(收稅) 등의 목적으로 발급한 도서패지(圖書牌旨), 관아에서 발급한 관패지(官牌旨), 서원이나 문중에서 어떤 사안에 대한 처리를 지시하면서 발급한 패지 등이 있었다. 소남 종가에 남아 있는 패지는 물론 논밭을 매매할 때에 작성한 위임장이다.

우리나라에 남아 있는 명문 가운데 가장 많은 것이 논밭이나 가옥의 매매를 증빙하는 토지가사매매명문이다. 현재 소남 종가에서 확인된 명문 18매, 패지 3매를 통해서 윤동규가 인천에 여러 필지의 땅을 사들이고 후손들이 관리한 자취를 확인할 수 있다.

윤동규가 사들인 땅들

소남 종가에 명문이 18매 남아 있다고 해서 토지를 18회 거래한 것은 아니다. 한 차례 매수할 때에 그 토지의 옛 명문까지 따라오기 때문이다. 요즘의 등기문서에 예전 소유자들의 이름과 매입 금액까지 모두 실려 있는 것과 마찬가지이다.

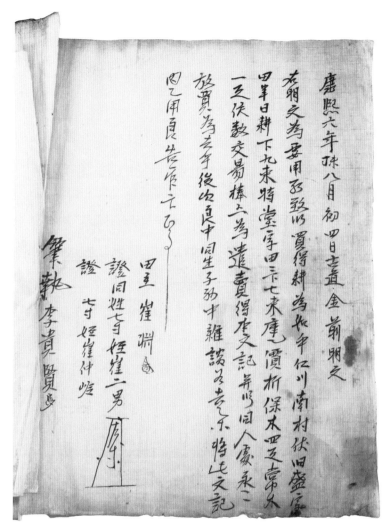

康熙六年丁未八月初四日直金蕳明之

前文爲要用乙致以買得耕爲枇申仁川南村伏旧盤畓
田畓日耕下九末特堂字田三下七末庫價折保木四疋堂木
一疋依數交易捧上爲遺賣爲白乎矣同人處永二
及賣爲去乎後次良中同生子孫中雜談爲去等此
用良告官卞正爲乎事

　　　　　　　田主崔淵 (印)

　　　　　證同姓寺奴崔二男 (印)

　　　證 寺奴崔仲峙

筆執 李貴賢 (印)

무명을 5필을 받고 남촌면 땅을 팔았다는 1667년 명문

　서로 다른 시기에 작성된 명문들에 같은 지번이 적힌 것이 많
다. 윤동규 집안에서 어느 지번의 땅을 매수하게 되면, 매도자가
명문을 작성하면서 예전 매수할 때에 작성했던 명문까지 함께 넘

거주었다.

명문 18매에 가장 많이 적힌 지번은 "南村面 舊盛字, 時堂字, 第
六田", 즉 인천도호부 남촌면의 토지 가운데 예전에는 '성(盛)'자로
정했다가 지금은 '당(堂)'자로 정해진 필지들 가운데 제6번 밭이
다. 이 지번은 1667년부터 1743년까지 작성된 명문에 5회나 적혀
있다. 윤동규가 1743년에 이 땅을 구입하면서 76년 전의 명문까지
포함하여 5매를 받은 것이다. 윤동규가 매도인에게서 받은 이 명
문이 아직도 남아 있다는 사실은 그의 후손들이 오랫동안 이 땅을
팔지 않고 소유해 왔다는 뜻이기도 하다. (물론 조선총독부 시기
에 토지를 새로 측량하고 등기하였으므로, 이때부터는 땅을 팔더
라도 명문까지 넘겨줄 필요는 없게 되었다.)

이 명문 5매에 적힌 지번과 면적, 가격을 시기순으로 배열하면
아래와 같다.

1667년 8월 4일 최연이 고도금에게 매도하면서 작성해 준 명문
[南村伏, 舊盛字田, 半日耕, 一卜九束, 時堂字田, 三卜七束庫乙, 價
折保木四疋, 常木一疋]

1686년 12월 28일에 사노(私奴) 고도금이 하상헌에게 매도하면
서 작성해 준 명문[□□面伏, 舊盛字田, 半日耕, 壹負玖束, 時堂
字, 第 田, 參負柒束庫乙, 價折錢文玖兩]

1715년 2월 25일 하수영이 김개손에게 매도하면서 작성해 준 명문[南村面利大里伏在, 舊盛字, 時堂字, 第六田, 三卜七束, 春牟, 伍斗落只庫乙, 四謓, 則東小成田, 南論男田, 西陳田, 北論男田, 價折錢文九兩]

1727년 12월 7일 김개손이 하진석에게 매도하면서 작성해 준 명문[南村面伏在, 舊盛字, 時堂字, 第六田, 參負柒束, 春牟, 伍斗落只庫乙, 四標, 則東小成田, 南論男田, 西陳, 北論男田, 價折錢文拾貳兩]

1743년 2월 6일 하진석이 윤생원댁 남종 이찬에게 매도하면서 작성해 준 명문[南村面利大里伏在, 舊盛字, 時堂字, 第六田, 三卜七束, 春牟, 五斗落只庫乙, 四標, 則東小成田, 南論男田, 西陳田, 北論男田, 價折錢文六兩]

지번과 면적은 같은데 어떤 경우에는 이대리(利大里)라는 동네 이름까지 적었으며, 초기에는 무명 5필을 받고 팔다가 나중에는 동전으로 매매하였다. 양반들이 금전 거래하는 것을 부끄럽게 여겨 대개는 종을 시켜서 명문을 작성하게 하였는데, 첫 번째 명문에 적힌 사노(私奴) 고도금은 주인 대신에 명목상 계약한 것이 아니라 자신이 경제적인 주체였다. 명문에는 땅을 파는 이유도 적혀 있는데, 고도금은 "6년의 신역(身役)을 본청(本廳)에 납부하지 못했는데 금년에 급하게 납부를 독촉하므로"6년 동안 밀렸던 몸값을 갚느라고 팔았다고 한다.

윤동규는 용산에 살다가 성호 이익에게 배우려고 18세에 인천 남촌면으로 이사 왔다. 안산으로 이사하지 않고 남촌면으로 온 것을 보면 고조부의 선영이 있는 연고지이기도 했지만, 자신이 거처할 최소한의 주택과 땅도 있었을 것이다.

현재 남아 있는 명문 가운데 윤동규가 처음 사들인 땅은 1737년 2월 17일에 사들인 땅이다.

乾隆二年丁巳二月十七日. 尹東奎前明文.

右文, 以移買事, 仁川南村道里山伏, 聲字五十田, 六卜三束, 二作田, 八束, 三作田, 二卜七束, 靈字七十八田, 六卜七束, 七十九田, 二卜一束, 二作田, 八束, 八十田, 五卜二束, 三作田, 五卜, 堂字二十七田, 七卜二束, 十八田, 四卜八束, 田, 一卜三束, 又堂字第四作田, 二卜二束, 一田, 十三卜三束, 二田, 三十卜, 三田, 九卜, 四田, 八卜二束, 五田, 四卜六束, 丁余田, 二卜九束, 二作田, 七卜四束, 三作田, 三卜一束, 靈字八十四田, 四束, 八十五田, 三卜六束庫乙, 右人前, 錢文柒拾壹兩捧上爲遣, 永永放賣爲乎矣, 本文記段, 他田畓并付乙仍于, 許給不得爲去乎, 此後子孫中, 如有雜言, 則此文可以爲證者.

田主自筆, 幼學, 崔仁性 [着名]

證人, 同生弟, 　仁行 [着名]

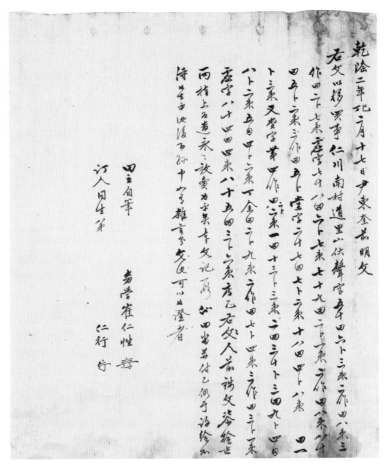

윤동규가 인천에서 처음 땅을 매수하면서 매도인 최인성에게서 받은 명문

'성(聲)'자, '령(靈)'자, '당(堂)'자 등으로 정해진 논밭이 11필
지나 되고, 면적이 넓다 보니 땅값도 71냥이나 되었다. 이 명문이
삼백 년 가까이 전해온 것을 보면 이 집안의 주요 재산이었음을
알 수 있다.

윤동규의 후손들이 구입한 땅

윤동규가 세상을 떠난 뒤에도 그의 후손들은 남촌면에 계속 땅
을 사들였다. 종손이 19세기에 부여로 이주하여 새로운 터전을 닦
았지만, 인천 남촌면에도 토지를 소유하고 있었던 것이다. 후대 명
문에서 새롭게 보이는 지번들은 다음과 같다.

> 堂字六十二分田
> 南村二里坪伏在, 絲字三十四田
> 南村面內村伏在, 欲字, 四十田
> 南邨面沙里洞伏在, 絲字, 十四田
> 南村沙里洞伏在, 染字 畓, 三斗落, 六負五束, 悲字三十九畓,

이 명문에 윤동규의 후손 이름이 적혀 있지는 않은데, 1838년
7월에 윤생원댁(尹生員宅) 종 귀인(歸仁)이 이생원댁(李生員宅) 종 명
길(命吉)에게 작성해 준 명문[南村面內村伏在, 欲字, 四十田]에만 '요긴
히 쓰기 위해' 30냥에 매도한다는 사연이 적혀 있다. 매도자인 윤
동규 후손의 집에 이 명문이 남아 있는 이유는 여러 필지 가운데
한 필지만 떼어서 팔았기 때문이다. 그래서 "본문기에 다른 전답
이 함께 기재되어 있어서 새 문기 한 장을 작성하여 준다.[本文記段,
它田畓幷付仍于以, 新文記一張導良]"라고 하였다.

현재 소남 종가에 남아 있는 가장 후대의 토지문서는 조선총독

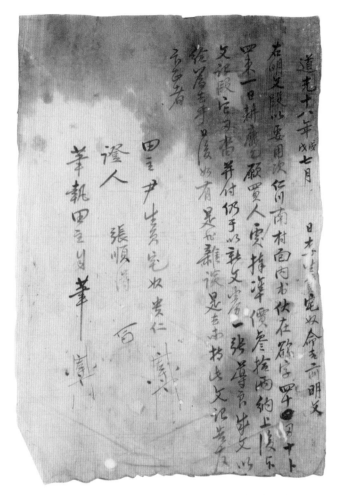

윤생원댁 종 귀인이 이생원댁에 땅을 떼어 팔면서 작성해 준 명문

부가 토지조사를 하던 1910년의 서류이다. 조선총독부에서는 모든 토지 소유자들에게 소유 토지를 입증하는 문서를 제출하여 등록하라고 했으며, 이때 등록하지 않은 토지는 모두 조선총독부 소

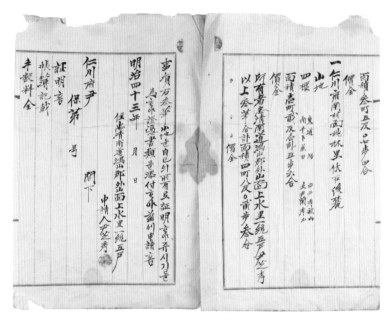

종손의 증조부 윤지수가 1910년 인천부윤에게 제출한 신청서

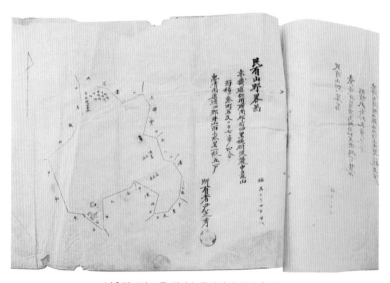

남촌면 4리 도동 뒷기슭 중경산의 필지 측량도

유로 국유화하거나, 동양척식회사에서 관리하였다. 소남 종손 윤형진의 증조부 윤지수도 1910년에 인천부 남촌면 도림리에 있던 토지들을 인천부에 등록하였다. 문서의 제목은 「신청서」이며, 남촌면 여러 필지의 위치와 면적, 측량도 등이 첨부되어 있다.

윤지수가 인천부윤에게 제출한 신청서에 여전히 여러 필지가 적혀 있다. 한 측량도에 3정보가 넘는 면적이 적혀 있는데, "인천부 남촌면 4리 도동 후록 중경산"이라는 주소에 보이는 중경산(中景山)이 바로 소남 윤동규가 서재를 지었던 그 중경산이다.

산 이름이 중경이라 제가 머무는 곳의 이름을 "중경(重慶)"이라 하고, 선영이 있는 곳이니 감히 방의 이름을 "경지(敬止)"라 할까 합니다. 훗날 집이 완성되면 마땅히 절하고 가르침을 청하겠습니다.

윤동규는 스승 성호 선생에게 편지를 쓰면서 '산 이름이 중경산(重慶山)이어서 서재의 이름을 중경(重慶)이라 했다'고 했는데, 조선총독부 시절에 그 유래를 모르고 중경산(中景山)이라 기록했던 것이다. 윤동규의 후손들은 부여로 이사간 뒤에도 선조가 사들인 땅을 삼백 년 가까이 보존하며 아꼈는데, 1980년대에 현대 아이파크아파트를 지으면서 윤동규의 서재 터는 흔적도 없이 사라지고 산소도 부여로 이전되고 말았다. 중경산 자락에 다시 윤동규의 서재 중경재와 경지실이 복원되기를 기대한다. 【허경진】

남촌면 선산 땅을 둘러싼
분쟁과 문서들

소지와 발괄

재산을 모으고 복잡한 절차를 거쳐서 토지를 구입해 주인이 되더라도, 재산권에 문제가 생기는 경우가 있었다. 하나는 토지 주인임을 입증하는 문서가 없어지는 경우이고, 하나는 문중 선산에 다른 사람이 몰래 무덤을 쓰는 경우이다.

논이나 밭은 주인이나 종들이 거의 날마다 농사를 지으러 들리거나 지나가는 길에도 둘러보게 되지만, 산속에 있는 선영에는 날마다 가볼 수 없기 때문에 다른 사람이 주인 몰래 무덤을 쓰는 경우가 많았다. 따라서 산송(山訟)도 자주 일어났다.

재산권이 침해당할 때에 주인이 해당 토지를 관할하는 목민관에게 제출하는 문서가 소지(所志)와 발괄(白活)이다. 소지는 자기의 생각을 적었다는 뜻이니, 백성들이 관청에 작성하여 올리는 소송·청원·진정(陳情) 등의 성격을 띤 문서를 말한다. 즉 소송을 제기하거나, 자신의 권리나 재산에 대해 그 소유권을 인정해 달라고 청구하는 문서들을 통틀어 소지라고 한다. 신분에 관계없이 누구나 소지를 작성할 수 있었으며, 관할 수령은 소지를 받은 뒤에 정상을 파악하여 처분을 내려야 한다. 수령이 작성한 처결문을 제음(뎨김, 題音)이라 하고 관찰사가 작성한 처결문은 제사(題辭)라고 한다. 백성은 작게 썼고, 수령은 크게 썼다.

사대부들이 직접 나서기 껄끄러워 남종의 이름으로 소지를 올리는 경우, 사대부가 땅이나 산이 있는 곳의 수령에게 정소하는 경우, 일반 백성들이 산송(山訟), 채송(債訟), 탈군역(頉軍役) 등으로 정소하는 경우, 여인이 정소하는 경우에 '발괄(白活)'을 사용한다. '발괄'이란 용어는 이두이다.

시집간 딸이 인천부사에게 올린 발괄

윤동규가 인천에 살며 여러 필지의 땅을 새로 구입한 뒤, 1773년에 세상을 떠나 남촌면 도리산 선영에 장사지냈다. 그로부터 5년 뒤인 1778년에 이생원댁 여종 오월(五月)이 발괄을 작성하여 인천부사 김근행에게 올렸다.

본부 주화곶면에 거주하는 이생원댁 여종 오월의 발괄
[本府注火串面居李生員宅婢五月白活]

삼가 말씀드리는 소지는 다음과 같습니다. 저의 안 상전의 친부모 산소는 다스리시는 지역인 인천도호부 남촌면(南村面)에 있습니다. 이 산소 근처 아래에 있는 들판의 사자(絲字) 14번 전(田) 2

부(負) 춘모(春牟) 5마지기를 안 상전 몫으로 받았습니다. 전에 별
급받은 문서가 지난해 12월 즈음에 불에 타버렸습니다. 따라서
부득이하게 이렇게 감히 우러러 호소합니다. 이런 사연을 통촉하
여 주시고, 뒷날에 매매할 때 증빙하기 위해 입지(立旨)를 작성해
주도록 처분해 주시기 빕니다.

　명령을 내려 주십시오.

　겸사또님이 처분하실 일.

　무술년(1778) 2월 일. 소지(所志)

　주인이 직접 작성하지 않고 여종을 시켜 작성했으므로 인천도
호부사를 성주(城主)라 쓰지 않고 사또님(使道主)이라고 썼으며,
'발괄'이라고 하였다.

　오월이는 이생원댁 여종이고, 남촌면 도리산 밑의 '사자(絲字)
14번 전(田)'을 상속받은 안 상전은 파평 윤씨 집안에서 이씨 집안
으로 시집온 딸일 것이다. 1777년 이전에 친정 부모를 도리산 선영
에 모신 여인이라면 윤동규 항렬, 또는 윤광로 항렬의 딸일 텐데,
족보에서 이씨 집안으로 시집간 딸은 확인되지 않는다.

　인천부사 김근행은 이 발괄을 검토하고 12일에 "입지(立旨)를
작성해 줄 일[立旨成給事]"라는 제사(題辭)를 작성하고, 착압(着押)한
뒤에 관인(官印)을 찍어 오월에게 돌려주었다. 아마도 곧바로 새로
운 입지가 작성되었을 것이다.

　소남 종가에 전해오는 명문이나 패지 가운데 '인천도호부 남촌

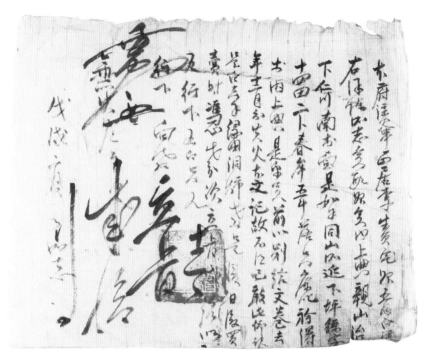

이생원댁 여종 오월이가 인천부사 김근행에게 올려서 제사를 작성받은 발괄

면 사자(絲字)' 필지는 1784년(南村二里坪伏在, 絲字三十四田), 1827년
(絲字第四田), 연대 미상(南邨面沙里洞伏在, 絲字, 十四田) 문서에 보이
는데, 이 가운데 연대 미상 패지에 적힌 지번이 이 발괄에 적힌 지
번과 같다.

　이 패지(牌旨)는 이생원댁(李生員宅) 상전이 토지를 팔기 위해 노
(奴) 복남(福男)에게 이를 위임하면서 작성해 준 문서이다. 패지를
작성한 연대와 일자는 기재되어 있지 않다. 상전 이생원은 토지를
매도하는 이유를 '요긴히 쓰기 위해'라고 적었다. 거래하는 토지는

인천(仁川) 남촌면(南村面) 사리동(沙里洞)에 소재하고 있는 밭 1개 필지이며 면적은 합 2부 5마지기이다. 매매가격은 동전 7냥이다.

이에 관한 명문이 남아 있지 않아서, 윤동규의 산소가 있는 도리산 자락의 땅 한 필지가 떨어져 나간 것을 아쉬워 한 후손들이 이생원네에게서 되사들인 것인지는 알 수 없다.

경자년 윤신(尹愼)이 작성한 산송(山訟) 소지(所志)

윤동규가 1773년에 세상을 떠나자 도리산 자락에 묘를 썼지만, 손자 윤신은 마포에 살고 있었으므로 선산에 자주 와볼 수가 없었다. 그러자 이 산을 탐낸 사람이 윤신 몰래 묘를 썼다. 윤신이 1780년 11월에 새로 묘를 쓰려다가 고을 사람인 신광윤(申光潤)에게 방해를 받고, 심지어는 숙부까지 그들에게 구타당하게 되자 인천부사 윤심위에게 발괄을 작성하여 제출하였다.

윤신과 윤위 형제가 작성한 발괄은 아래와 같다.

남문외리 ○동에 거주하는 죄민 윤신·윤위 등 발괄
[南門外里□洞居罪民尹愼愇等白活]

삼가 말씀드리는 원통하고 절박한 사정은 다음과 같습니다. 죄민(罪民)은 다스리고 계시는 남촌면(南村面)의 도리산(道里山) 선영 구역 안에 이제 막 친장(親葬)을 꾸리고 있고, 안장(安葬)은 금월 22일입니다. 이제 이틀밖에 남지 않았고, 그저께 비로소 공역을

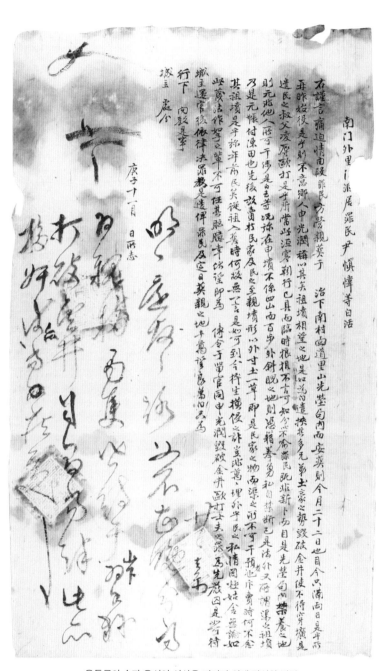

윤동규의 손자 윤신이 선산을 지키기 위해 작성한 발괄

시작하였습니다.

　그런데 뜻하지 않게 고을 사람인 신광윤(申光潤)이 그의 조부 분묘와 서로 바라보는 땅이라는 구실을 대면서 그의 여러 형제와 토호(土豪)를 끼고는 금정(金井 : 관을 묻기 위해 井자 모양의 나무틀을 놓고 파 놓은 구덩이)을 헐어 부수고, 광(壙)을 파지 못하게 하였습니다. 그리고 저의 숙부를 능욕하고 구타했습니다. 이런 얼어붙는 추위를 만나서 발인(發靷) 행차를 이미 차렸는데, 때에 임하여 낭패를 당한 것은 말하지 않아도 알만합니다.

　죄민은 새로 구획한 땅[新卜]이 아니고, 애초에 선영 구역 내부의 금양(禁養)해 온 땅이므로 원래 타인이 간섭할 수 없는 곳입니다. 하물며 신씨의 무덤과는 사산(四山)이 엮이지 않았고 100보 밖의 비스듬히 엿보이는 땅입니다. 그러한즉 주먹과 용맹함을 의지하여 사사로이 금단(禁斷)하는 것은 이미 법외(法外)입니다.

　그리고 그가 말하는 그의 조부 분묘는 원 토지대장[元帳]에 (분묘가 아니라) 진전(陳田)으로 등재되어 있습니다. 전후로 우리 집 및 저의 지친(至親)에게 팔았으니, 분묘 형세 이외로는 한 치 땅과 한 포기 풀이라도 모두 우리 집 물건이고 그가 참견할 수 있는 바가 아닙니다. 팔았을 때는 어찌 그 조부의 분묘를 유념하지 못했으며, 연전에 저의 종조부(從祖父)를 장사지낼 때는 무슨 이유로 한 마디도 없다가 지금에 와서 갑자기 함부로 침노할 생각을 하니, 어찌 천만번 도리에 어긋나지 않습니까. 저의 사사로운 사정은 끝도 없지만 잠시 논하지 않더라도, 이렇게 법을 멸시하고 소란을 일으

키는 무리는 그 속을 가만히 용납할 수 없습니다.

엎드려 바라옵니다. 즉시 유관(留官)에게 전령을 보내어, 이 신
광윤이 금정을 헐어 부수고 사대부를 구타한 죄를 먼저 엄히 다스
려 가두었다가, 수령께서 관아로 돌아오기를 기다린 후, 법률에 의
거해 결죄(決罪)하고, 죄민(罪民)으로 하여금 일자를 정하여 친부
를 장사지내게끔 해주시기를 천만 바라옵니다.

명령을 내려 주십시오.

성주께서 처분하실 일입니다.

경자년(1780) 11월 일. 소지

이 소지에는 친장(親葬)이라고 했는데, 소남 종가에 남아 있는
소지 초본에는 '재작년 겨울에 내간(內艱), 즉 모친상을 당했다'고
적었다. 윤신이 "유관(留官)에게 전령을 보내어 신광윤의 죄를 다
스려 가두었다가 법률에 위해 결죄(決罪)해 달라"고 청했는데, 유
관은 고을 수령을 대리하여 직무를 보는 현지 면임(面任), 좌수(座
首) 등의 향임(鄕任)을 가리킨다. 그런데 초본에는 신광윤이 아니라
"좌수 신협(申恊)"이 금정을 때려부수고 구타했다고 적었다.

같은 사건의 소자를 두 차례나 작성한 것은 이유가 있다. 초본
에 보면 "전임 수령께서 서울에 계실 때에 소송을 제기하니, '금정
을 때려 부수는 것은 원래 해당하는 법률이 있으니 당연히 엄히
처분할 것이다.'라고 처결문[題辭]을 내려 주셨다."라고 하였다. 처
분이 내려지자 신협이 자기가 사리에 맞지 않다는 것을 알고서, 사

람을 보내어 '당사자끼리 화해하고자 하니 사방 경계를 정하는 수표(手標)를 바치자'고 하여, 윤신도 빨리 장사를 지내기 위해 수표를 작성해 주었다.

그러나 문제는 해결되지 않고 더 꼬여갔다. 신씨네가 자기네 무덤이라고 고집부리며 무덤 가의 소나무를 50그루나 베었던 것이다. 소나무는 국법으로 함부로 베어내지 못하게 되어 있다. 윤신은 초안에서 "동쪽에 있다는 (신씨네) 무덤을 몇 해 전에 관아에서 측량했는데 그 무덤의 반은 헐려 있고 서쪽은 윤씨 집안 지친(至親)의 토지로서 예전에 신협(申悏)의 종가로부터 매입한 것"이라고 밝히면서, "병자년(1756) 윤씨 집안이 종조(從祖)를 장사지낼 때 감히 한 마디 말도 하지 못했다"고 밝혔다. 종조부 윤동기나 조부 윤동규를 장사지낼 때까지는 친족들이 도리산 자락에 많이 살고 있어서 아무 말하지 못하고 있다가, 손자 세대가 되고 서울로 떠나 있으니까 좌수(座首)라는 권력으로 억누르는 것을 바로잡아달라고 청한 것이다.

이 소지 끝에는 인천부사 윤심위가 작성한 제사가 적혀 있다.

내일 관아로 돌아가는 길에 너무 늦지 않았다면 마땅히 양측을 조사할 것이니, 모두 산 밑에 대령할 것이다. 그리고 금정을 헐어 부순 것은 해당 법률이 있으니, 이 역시 조사한 후 꼭 엄히 처분할 것이다. 20일. 재경(在京) 중에 처분을 내림.

인천 도림동 파평 윤씨 선산 윤동규의 묘 옆에 손자 윤신의 묘가 있었다.

대개의 산송(山訟)은 남의 선산에 몰래 무덤을 썼다가 나중에 들통이 나서 소송으로 번지는데, 이 경우는 예전에 땅을 팔아놓고는 그 안에 우리 증조모 무덤이 있으니 그 부근에 묘를 쓰지 말라는 억지였다. 무덤의 형태도 제대로 남아 있지 않은데다 일 년 내내 성묘하지도 않는 고총(古塚)을 두고 억지를 부린 것이다. 그러나 윤신은 이미 인천을 떠나 서울에 거주하는 학생이었고, 신협은 인천 현지의 토호(土豪)인 좌수였으므로 시원하게 해결되지 않았다.

윤신이 갑인년(1794)에도 이와 관련해 작성한 소지가 종가에 남아 있는 것을 보면 이 문제는 후손들을 두고두고 골치 아프게 했음을 알 수 있다. 【허경진】

제2부

성호학파의 외연을 인천으로 넓히다

성호(星湖), 소남(邵南)과 합작하여
글을 완성하다

『소남선생유집초』

요즘 인천의 인문학계가 들썩이고 있다. 그동안 제대로 규명되지 못하였던 소남(邵南) 윤동규 선생의 유고(遺稿)에 대한 연구 사업이 드디어 시작되었기 때문이다. 소남에 대해 말하자면, 그는 소성현(邵城縣) 도남촌(道南村)에서 벼슬길에 나아가지 않고, 평생을 오로지 자기 수양을 위한 학문[爲己之學]만을 하시었으며, 성호학파의 장석(丈席)이셨다.

소남 선생이 살아온 길을 서술한 행장(行狀)은 두 가지가 전해진다. 하나는 순암(順菴) 안정복이 쓴 것이고, 다른 하나는 소남 선생의 제자 권귀언이 쓴 것이다. 순암의 행장은 선생이 별세하신 지 13년이 지난 을사년(乙巳年)에 쓴 것인데, 선생의 손자 윤신이 묘지명에 사용하기 위해 순암에게 부탁한 것이었다. 순암의 행장은 소남의 종손이 소중히 보관해 온 소남유고 초본을 대동문화연구원에서 영인본으로 간행한 『소남유고(邵南遺稿)』에 실려 있다.

이와는 달리 소남선생유집초(邵南先生遺集草)에는 또 하나의 행장이 실려 있는데, 종손이 소중하게 보관하고 있었던 원본 행장이다. 원본 행장은 소남의 제자 권귀언이 쓴 것이다. 순암이 쓴 행장 끝부분에서 권귀언이 기술한 원장(原狀)에 의거하여 자신이 행장을 다시 지었다고 밝히고 있다. 소남선생유집초에는 순암의 행장은 실려 있지 않다.

권귀언의 행장과 순암의 행장은 문체가 확연히 다르고, 내용에도 약간의 차이가 있다. 순암의 행장에는 선생이 신묘년, 즉 선생의 나이 17세 때 성호 이익에게 제일 먼저 학문하였으며, 소성의 도남촌으로 이사했고, 도남촌에 장사했다고 기록하고 있다.

그런데 권귀언의 행장에는 18세에 성호 선생에게 집지(執贄), 즉 제자가 스승을 처음 뵐 때 예폐를 가지고 가서 경의를 표하는 예를 하였다고 기록하고 있으며, 바닷가 소성현 도남촌에 기거하였고[居於海上之邵城縣道南村], 인천의 남촌에 장사했다고 기록하고 있다. 이러한 권귀언의 기록에 의해 인천이라는 지명과 해상의 소성현 도남촌이라는 것이 명확하게 드러났다. 특히 해상(海上)이라는 표현을 통해 그 당시 도남촌이 바닷가에 위치한 고을이었다는 것을 알 수 있다.

최근 소남 윤동규 선생의 첫 번째 총서를 발간한 허경진 연세대

명예교수에 의하면, 임진년인 1712년에 행보(行甫), 즉 안산에 살던 이정휴의 아들 이경환의 소개로 가르침을 청하였다고 한다(『邵南遺稿』, 379쪽). 이로부터 보면 순암의 행장보다 권귀언의 행장이 더 정확하다고 할 수 있는데, 권귀언의 행장도 이번 기회에 번역이 되어야 할 것이다.

행장은 아무나 지을 수 있는 것이 아니었다. 성호의 행장을 오로지 소남 선생만이 지은 것을 보면, 행장은 문하의 수제자만이 지을 수 있는 것이라 할 수 있다. 소남의 행장을 권귀언이 지었음에도 불구하고, 권귀언에 대해서는 알려진 것이 거의 없다.

『성호전집』에 의하면 형조 참의를 지낸 유헌장(柳憲章)의 셋째 부인에게는 딸이 둘 있었는데, 그중에 한 명이 사인(士人) 권귀언에게 시집갔다고 전하고 있다. 유헌장의 할아버지는 인천부사를 지낸 유호연이다. 또 한 명의 딸은 이용휴에게 시집갔다. 이용휴의 작은아버지가 성호 이익이며, 아들이 바로 이가환이고, 외조카가 이승훈이다. 이가환은 천주교 문제로 인해 이승훈·권철신 등과 함께 옥사로 순교하였다.

소남 선생의 문집은 일반적인 문집과는 여러 면에서 차이를 보이고 있는데, 우선 시(詩) 항목이 없다는 것이다. 『성호전집』에는 소남 선생이 스승인 성호에게 보낸 시의 운을 빌려 쓴 성호의 시가 몇 수 보이는 것으로 보아, 소남 선생이 시를 전혀 짓지 않았다고 할 수 없으니, 그 이유를 살펴볼 필요가 있다.

다만 1727년 5월에 있었던 파평 윤씨 종회에서 문장공(門長公)

이 지은 「종회(宗會)」라는 시에 차운하였을 때, "규는 시에 능하지 못한 지가 이미 오래되어, 치우고 짓지 않았습니다.[奎旣不能詩久矣. 輟而不作今, 소남 윤동규 총서 1, 51쪽]"라고 한 것을 보면, 어느 때부터 시작(詩作)을 그만둔 것으로 보인다.

소남 선생에 관한 글 중에 지금까지 번역된 것은 성호문집이나 순암집(順菴集)을 통해 어느 정도 확인할 수 있다. 이들 문집에서 소남 선생을 어떻게 호칭하는 지를 보면, 성호학파에서 소남이 차지하는 위상을 대강 짐작할 수 있는데, 성호는 소남을 부를 때, 자(子)인 유장(幼章)이라고 할 때가 있으며, 군(君)이라고 할 때도 있고, 공(公)이라고 할 때도 있다. 아마도 사제지간이기 때문에 그렇게 호칭하였다고 생각된다.

이에 반해 순암은 소남 선생을 호칭할 때, 윤장(尹丈)이라고 하거나, 장석(丈席)이라고 하거나, 집사(執事)라고 하였다. 윤장이나 장석은 성호학파에서 첫 제자이면서 제일 맏형이기 때문에 붙여진 호칭이라고 생각된다. 그런데 집사라는 호칭은 성호학파의 일을 총괄하는 위치에 있었기 때문에 붙여진 호칭일 것이다. 성호 이익에게 유장(幼章) 윤동규는 어떠한 존재였을까? 유장이 안산에 머물다가 도남촌으로 돌아올 때, 이별을 아쉬워하여 쓴 성호의 글을 보면, 성호와 유장과의 관계를 짐작할 수 있다.

나는 태어나면서 거칠고 소략하여 검칙함이 없었다. 일상생활의 언행과 복식이 비루한 속투를 벗어나지 못했으니 우습고 놀랄

만하다. 그러나 유장은 이와 반대여서 그 성향을 보면 거의 풍마 우(風馬牛)처럼 차이가 난다. (…) 내가 새로 예에 관한 글을 엮었 는데, 주위가 쓸쓸하여 스승이 없어서 강정(講定)하여 도움받을 곳이 없었다. 얼마 뒤에 유장이 또 와서 일람하고 서로 대조하였 는데, 크게 어긋난다고 여기지 않고 취할 만한 점이 있다고 생각 하는 것 같았다. 착오가 있는 부분에 대해서는 뽑아내 증거를 대 어 논하니, 나 또한 의혹이 풀려서 거슬리는 바가 없었다. 이와 같 이 마음에 둔 바가 같은 자는 행적이 다른 것과 상관없이 서로 권 면하여 진취할 수 있는 것이다. ─「送尹幼章序」, 『성호전집』 제51권

이로부터 보면, 성호의 첫 제자 유장(幼章)은 성호 선생이 쓴 글 을 원문과 대조하고, 취할 만한 점이 있는지 평가하였다. 만약에 착오가 있는 부분이 있으면 증거를 제시하고 수정하여 성호 선생 의 글을 완성하였던 것이다. 다시 말하면, 성호 선생의 글은 성호 선생과 그의 첫 제자 유장과의 합작품이라고 할 수 있다. 그리고 그에 따른 호칭이 집사(執事)일 것이다. 【송성섭】

'희노(喜怒)는 기(氣)의 발로'
-소남의 사칠이기설 주목해야

    정체성이란 자리 잡기이다. 시대마다 절박하게 제기되는 문제들에 대해 어떻게 자리 잡는가에 따라 좌표가 정해지고, 이러한 좌표들의 목록에 의해 정체성이 부여되며, 좌표들의 계보에 의해 학파가 형성된다. 그렇다면 소남 윤동규 선생은 그 시대의 현안들에 대해 어디에 자리를 잡았을까?

    순암 안정복이 쓴 소남 선생의 행장에 의하면, 선생은 『태현경(太玄經)』을 한 번 보고서 환히 알고 그 취지를 설명할 정도였다고 한다. 소남의 스승인 성호 이익은 궁리지학(窮理之學)의 경우, 당대에 소남보다 뛰어난 사람은 없다고 평하였다.

    『태현경』은 양웅(楊雄)의 저작이다. 양웅이 살았던 전한 말기~후한 초기는 각종 경전을 점성술적, 신비적, 예언적으로 해석하는 소위 참위(讖緯)가 극성을 이루던 시대였다. 아울러 황제와 노자(老子)를 추숭하는 이른바 황로학(黃老學)이 횡행하던 시대이기도 하였다. 양웅은 경(經)으로는 『역』보다 위대한 것은 없다고 여겨 『태현(太玄)』을 지었고, 전(傳)으로는 『논어』보다 위대한 것은 없다고 여겨 『법언(法言)』을 지었다. 양웅은 도(道)에 들어가는 문은 바로 공자(孔子)라고 여겼다. 그렇지만 또한 노자의 도덕에 관한 사상을 수용하기도 하였다.

양웅은 고려 때부터 조선 초기에 이르기까지 공자의 사당에서 석전(釋奠)의 예를 행할 때, 배향하는 명단에 포함되었던 인물이었다. 그러나 양웅이 중국 최초의 왕위 찬탈로 평가받는 왕망의 신(新) 왕조에서 대부를 지낸 사실 때문에, 주자(朱子)로부터 지조를 지키지 못했다는 비난을 받았다. 이에 의해 조선 태종 때부터 제사의 명단에서 양웅을 배제하였을 뿐만 아니라, 신주를 사람이 보지 못하는 막히고 가려진 곳에 묻어버렸다. 또한 영조(英祖)도 양웅에 대하여 "그의 심사(心事)뿐만 아니라 마음과 행적도 모두 옳지 않다."고 평한 적이 있는데, 소남 선생이 양웅의 『태현경』을 공부하게 된 배경은 무엇일까?

또한 소남 행장에 따르면, 선생은 주염계(周濂溪)와 정명도(程明道)의 기상을 지니고 있었다고 한다. 주염계는 『태극도설(太極圖說)』과 『통서(通書)』를 지어 송명 도학(道學)의 시초를 연 사람이다. 정명도는 동생 정이천과 함께 부친의 명에 따라 주염계에게 배웠는데, 주염계가 공자와 안자가 즐거워한 곳에서 배운 것이 무엇인가를 묻자, 정명도는 "주무숙(염계)을 다시 뵙고 나서부터 바람과 달을 읊고 노닐며 돌아왔다. 나는 증점과 함께하겠다는 뜻이 있었다."고 답하였다.

증점은 공자의 제자이다. 공자가 어느 날 제자들에게 누군가가 자네들을 알아준다면 무엇을 할 것인가를 물었다. 이에 자로는 백성들을 용맹스럽게 만들어 군사 강국을 만들어 보겠다고 하고, 염구는 재정적으로 풍족한 부유한 나라를 만들겠다고 답했으며, 공서화는 예를 돕는 소상(小相)이 되겠다고 하였다. 공자가 증점에게 묻자, 증점은 연주하고 있었던 비파를 밀어젖히면서 "늦은 봄에 봄옷이 만들어지면, 갓 쓴 이 대여섯 사람과 동자 예닐곱과 기수(沂水)에서 목욕하고, 무우(舞雩)에서 바람 쐬다가 시를 읊으면서 돌아오겠습니다."라고 답하였는데, 공자는 감탄하면서 증점과 함께하겠다고 하였다.

그렇다면, 소남 선생에게도 주염계, 정명도와 같은 기상이 있었다는 것인가? 소남 선생은 처음에는 과거시험 공부를 하였지만 이내 그만두고 학업에 전념하여, 세간에 공부 이외에 다른 어떤 즐거움이 있는지를 몰랐다고 한다. 선생은 만년에 용산의 옛 마을에 다시 살았던 적이 있다. 마을 앞에 큰 강이 흘러 강산의 경치가 매우 아름다웠는데, 선생이 때로는 지팡이를 짚고 거닐기도 하여, 무우단(舞雩壇)에 바람 쐬고 시를 읊으며 돌아오는 뜻을 가졌고, 수레와 사람이 복잡한 시장거리에 살면서도 조금도 속세에 오염되지 않고, 시원한 청풍의 기상이 있었다고 행장(行狀)은 전하고 있다.

성호학파는 도통(道通)에 관해서는 주자-퇴계의 계보였다. 퇴계에 대해서는 조선의 주자라고 여기었다. 우리나라가 생긴 이래로 학문이 훌륭하기가 퇴계(退溪)만한 이가 없다고 여기어 순암 안정복이 주도하고 소남 선생이 하교(下敎)하면서 『이자수어(李子粹

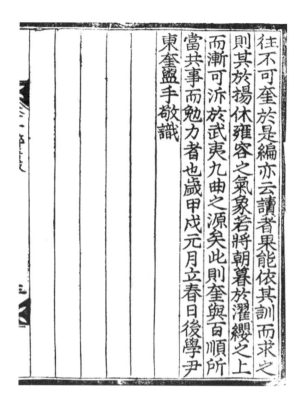

往不可奎於是編亦云讀者果能依其訓而求之
則其於揚休雝容之氣象若將朝暮於濯纓之上
而漸可泝於武夷九曲之源矣此則奎與百順所
當共事而勉力者也歲甲戌元月立春日後學尹
東奎盥手敬識

語)』를 편찬하였다. 사칠이기설(四七理氣說)은『주자어류』에서 나
온 것을 퇴계 선생이『천명도설』의 서문에 기록한 것인데, 기대승
(奇大升)과 퇴계 선생은 서신을 주고받으면서 논변하였다. 이에 학
자들의 학술이 어긋나게 되는 것을 걱정하여 성호 선생이『사칠신
편』을 지었다. 그 뒤에 성호 선생의 제자인 신후담이 "공리(公理)의
희노(喜怒)는 이(理)의 발로이다."라는 설을 제기하자, 성호 선생이
그 설을 받아들여『사칠신편』의 발문을 다시 지으셨으니, 이것이
바로 중발(重跋)로써「소남유고」에도 전문이 실려 있다.

공리의 희노란 예를 들면, 요순(堯舜)시대에 제순(帝舜)이 노하거나, 맹자(孟子)가 기뻐한 것을 말한다. 제순이 통치할 때, 유묘(有苗)가 어둡고 미혹하며 불경(不敬)하여 남을 업신여기고 스스로 어진 체하며, 도를 위배하고 덕을 파괴하여, 군자가 초야에 있고 소인이 높은 지위에 있어 무력으로 정벌하고자 했다. 그런데 제순이 마침내 문덕(文德)을 크게 펴시어 무무(武舞)와 문무(文舞)로 두 뜰에서 춤을 추셨는데, 70일 만에 유묘가 와서 항복하였다는 것이다. 또한 노나라의 악정자(樂正子)는 선(善)한 말을 듣기 좋아하는 사람인데, 악정자로 하여금 정사를 다스리게 하자, 맹자가 이 말을 듣고 기뻐서 잠을 이루지 못한 것이 공리의 희노이다. 이러한 희노는 사사로운 인간적 정감의 발로, 즉 기(氣)의 발로가 아니라, 성리(性理)의 발로라는 것이다.

이에 대해 소남 선생은 비록 성인의 마음이더라도 그 근본을 미루어 보면, 그 희노는 기(氣)의 발로라고 변론하였으며, 성호 선생이 그 변론에 수긍하여 중발을 즉시 지워버리고 그 설을 쓰지 않았다.

그 후에 다시 정산(貞山) 이병휴(李秉休)가 성인의 공정한 희노는 이발(理發)이라는 설을 다시 주장하면서 소남 선생과 20년도 넘게 다투었으나, 선생은 자신의 주장을 굽히지 않았고, 임종할 무렵에 자손들에게 이렇게 말하였다.

나의 사칠이기설은 『사칠신편』과 서로 뜻을 분명히 밝혀주는 것으로서, 후세에 반드시 알아주는 사람이 있을 것이다.

　남동문화원이 주관하여 「소남유고」에 대한 번역 사업이 시작되었다. 이제까지 봉인되었던 판도라의 상자가 드디어 해제된 것이다. 소남 선생이 유언했던 것처럼 이제서야 비로소 선생의 사칠이기설의 진가를 알아줄 때가 도래한 것이리라.

　퇴계와 기대승의 사단칠정 논쟁에 종지부를 찍기 위해서 성호 선생이 「사칠신편」을 지었으며, 성호 선생의 「사칠신편」은 신후담의 문제 제기에 의해 「중발(重跋)」로 수정되었다. 이후 「중발」은 소남 선생의 문제 제기에 의해 폐기되기에 이른다. 그렇다면 성호학을 넘어설 수 있는 가능성이, 더 나아가 퇴계학을 넘어설 수 있는 가능성이 있다면, 그 자리는 바로 여기이지 않을까? 소남의 사칠이기설, 바로 여기가 바로 소남 학문의 자리이지 않을까? **【송성섭】**

인천의 별, 윤동규
-동서양 천문 지식을 섭렵하다

　인간의 마음은 위태롭기 그지없다. 작심 3일도 모자라서 아침 저녁으로 바뀌는 것이 인간의 마음이다. 그래서 믿을 수 있는 것은 도심(道心)뿐인데, 도심은 잘 드러나지 않아서 알아보기 힘들다는 단점이 있다. 이것이 이른바 요(堯)가 순(舜)에게 전해주고, 순(舜) 이 우(禹)에게 전해 준 16자 심법 중의 "인심유위(人心惟危) 도심유 미(道心惟微)"이다.

　도심은 하늘(天)과 관련이 있다. 조변석개(朝變夕改)하는 인간의 마음은 신뢰할 수 없으며, 믿을 수 있는 것은 별들의 운행 원리, 즉 천도(天道)·천리(天理)일 뿐이다. 그래서 천도·천리·천명(天命) 을 받은 자만이 천자(天子)가 될 수 있었으며, 천명은 인간의 마음 에 내면화되어 성리(性理)가 되었다.

　소남(邵南)의 형제들은 별들의 자식이었다. 소남 윤동규를 필두 로 둘째 아우 동기(東箕), 막내아우 동진(東軫)은 모두 28수(宿)에 부합하는 별을 택하여 이름을 지었다. 규(奎)라는 별은 서방(西方) 백호(白虎) 7수 중에서 호랑이 꼬리에 해당하는 별이며, 기(箕)라는

별은 동방(東方) 청룡(靑龍)의 7수 중에서 용의 꼬리에 해당하는 별
이며, 진(軫)은 남방(南方) 7수 중에서 주작(朱雀)의 꼬리에 해당하
는 별이다.

소남 선생의 별자리인 규수(奎宿)는 조선 세종 때 천문학을 연구
하던 이순지(李純之)의 천문류초(天文類抄)에 의하면, 열여섯 개의
별로 이루어져 있으며, 신발 모양이고, 문운(文運)을 주관하는 별
이며, 술(戌)의 방향에 해당한다. 별의 기운에 의하면, 소남 선생은
천생(天生) 학문을 할 운이다.

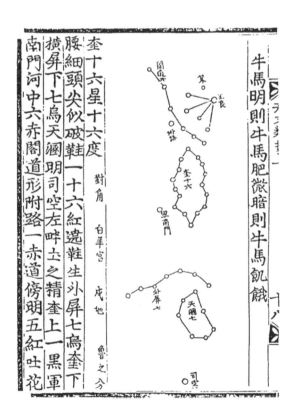

이순지의 천문류초에
표시되어 있는 규수에
대한 설명

소남의 둘째 아우 동기(東箕)의 별에 해당하는 기수(箕宿)는 네 개의 별로 이루어져 있으며, 곡식을 까부르는 키(箕)의 형상이고, 하늘 닭 즉 천계(天鷄)라고도 부른다. 『주역』에서는 바람을 뜻하는 손괘(巽卦)를 닭(鷄)이라고 하는데, 닭은 바람과 같이 안으로 파고 드는 성질이 있기 때문이다. 그래서 풍향계에 닭을 상징물로 올려 놓는 풍속이 있게 되었다. 팔풍(八風)을 주관해서, 일(日)·월(月)·성(星)이 머무는 곳에 바람이 일어나는 것을 막는다.

동기(東箕)의 나이가 아직 약관이 못 되었을 때, 성호 선생의 문인(門人)이 되어 자신의 자(字)를 지어 줄 것을 청하였다. 성호 선생이 『주역』을 상고해 보니, 「명이괘(明夷卦) 육오(六五)」에 "기자가 스스로 자신의 밝음을 감추는 것이니, 정한 것이 이롭다.[箕子之明夷 利貞]"라고 하였는데, 공자(孔子)가 "기자의 정함은 밝음이 종식될 수 없는 것이다.[箕子之貞 明不可息也]"라고 전(傳)을 달았다. 이에 자(字)를 '원명(源明)'이라 지었다.

막내아우 동진(東軫)의 별에 해당하는 진수(軫宿)는 네 개의 별로 이루어져 있으며, 사(巳)의 방향에 있고, 장군(將軍)과 악부(樂府)를 맡으니, 노래하고 즐기는 일을 주관한다. 소남 선생은 성호장(星湖莊)을 방문하여 아직 입학할 나이가 안 된 아우에 대해 자주 말하였는데, 지키고 기르는 바나 숭상하는 바가 그다지 얕지 않다는 것이었다. 몇 년이 지나 복춘(復春), 즉 동진이 과연 성호 선생에게 왔는데, 기운은 맑고 성품은 고요하였으며, 행동거지에 일정한 법도가 있었나고 전한다. 글을 보는 데에 있어서 많은 지도를 받지 않고도 날로 깊이 진보되더니, 어느덧 차분하고 단아하며 엄정한 군자가 되었다. 그런데 서른두 살의 나이에 세상을 떠나자, 성호 선생은 제문을 지어 슬퍼하였다.

슬프다, 복춘(復春)이여! (…) 그대가 학문에 뜻을 두고 나에게 와서 배웠는데, 10년 이전에는 내가 그대에게 학문을 가르쳤지만 10년 이후로는 그대가 실로 나의 스승 노릇을 하였다. 그대가 나에게 배운 것은 구두(句讀)를 떼는 것뿐이었고, 그대가 나의 스승이 된 것은 그 인품을 배울 수 있었기 때문이다. 공손하고 화락하여 꺼내는 말마다 이치에 맞았으며, 일찌감치 과거 공부를 포기하고 유학에 전심하여, 경전을 강론할 때는 반드시 요점을 파악하였고 예법을 논할 때는 반드시 그 근원까지 파고들었다. 게다가 부모에 대한 효성과 형제간의 우애가 향리에 널리 알려졌으니, 아름다운 자질을 갖춘 사람이라 하겠다.

—祭尹復春文

복춘(復春)은 수많은 예가(禮家)의 각종 설에도 힘을 써서 꼼꼼히 연구하여 반드시 그렇게 된 본원을 찾고, 세속의 잘못된 학설을 답습하지 않는데, 성호 선생은 "내가 예서(禮書)를 지은 것은 대개 복춘의 도움이 있었기 때문이다."라고 고백한 바 있다.

복춘은 오칠언의 장편과 단편시 같은 것을 적은 「만흥수록(漫興隨錄)」 약간 권을 남겼다. 성호 선생은 "그 고체시(古體詩)와 장구(長句)는 종종 모래 속에서 옥이 나오는 듯하였으니, 비록 옥의 티는 가릴 수 없다 할지라도, 까치에게 던지는 곤륜산(崑崙山)의 옥돌처럼 크고 작은 보옥이 흔하게 나왔다."고 평하였다. 자호를 '관어처사(觀於處士)'라 하였다.

복춘은 시간이 날 때마다 천문 관측, 산수(算數) 등에 대해서도 연구하였으며, 손수 나무를 깎아 기형(璣衡)을 만들기도 하였는데, 종일 일하면서도 지칠 줄을 몰랐다. 기형은 선기(璇璣)와 옥형(玉衡), 즉 천문을 관측하는 기구이다. 『상서(尚書)』「요전(堯典)」에서는 "선기옥형으로 칠정(七政)을 가지런히 한다.[在璇璣玉衡, 以齊七政]"라고 하였다. 칠정은 해와 달, 그리고 수성·금성·화성·목성·토성을 말한다. 조선에서도 세종 15년인 1433년 6월 정초·박연(朴堧)·김진(金鎭) 등이 혼천의를 만들어 바친 적이 있다.

소남 선생도 물론 천문에 대하여 정통하고 있었다. 그래서 순암(順庵) 안정복은 편지를 통하여 낭성(狼星)이라는 별에 대하여 소남 선생에게 묻기도 하였다. 또한 소남 선생 종가에서 발견된 『곤여도설』 마지막 장에는 자신이 성호 선생에게서 빌려다 필사하여 소장하고 있었던 양마락(陽瑪諾, Emmanuel Diaz. Junior)이 저술한 『천문략(天問略)』과 이탈리아 선교사 민명아(閔明我, Philippus Maria Grimardi)가 제작한 『방성도(方星圖)』 등의 서양 천문 서적이 기재되어 있는 것으로 보아, 소남 선생은 동양의 천문 지식뿐만 아니라 서양의 천문 지식에도 밝았다고 할 수 있다.

인간은 저마다 태어날 때 별의 기운을 받아 태어나며, 죽어서는 자기의 별로 돌아간다. 소님 윤동규 신생의 별은 시방 7수 중의 규수(奎宿)였으며, 이를 자기의 이름으로 삼았다. 죽어서 도남촌 술좌(戌坐)의 자리에 장사하였는데, 규수의 별자리가 바로 술(戌)의 방향이기 때문이다. 이로써 소남 선생은 인천의 별이 되었다. **【송성섭】**

소남이 『소학』을 권한 이유

공자는 배우기를 좋아했다. 이른바 공자의 '호학(好學)'이다. 그래서 『논어』는 "학이시습지(學而時習之)"로 시작한다. 배우고 때에 맞추어 익혀야 한다는 것이다. 『예기』라는 옛 서적에 의하면, "13세가 되면 작(勺)이라는 춤을 추었고, 성동(成童) 즉 15세에는 상(象)이라는 춤을 추었으며, 20세가 되어서야 대하(大夏)라는 춤을 추었다." 나이가 듦에 따라 더욱 인문학적인 춤을 배웠던 것이다.

옛날에는 여덟 살 안팎의 아동들에게 소학(小學)을 가르쳤다. 소학이라고 하면 흔히 "어버이 날 나으시고, 어머니 날 기르셨네.[父兮生我, 母兮鞠我]"라는 구절을 떠올리지만, 이는 사자소학(四子小學)으로써 일반적으로 얘기하는 소학과는 다르다.

『소학(小學)』은 주자(朱子)의 제자 유자징(劉子澄)이 주자의 지시에 따라 1187년에 편찬한 수양서이다. 『소학』은 유교사회의 도덕규범 중 기본적이고 필수적인 내용을 가려 뽑은 것으로, 유학 교육의 입문서와 같은 구실을 하였다. 『소학』이 집을 지을 때 터를 닦고 재목을 준비하는 것이라면, 『대학』은 그 터에 재목으로 집을 짓는 것이라 할 수 있다.

『소학』은 내편과 외편으로 구성되어 있다. 내편은 입교(立敎)·명륜(明倫)·경신(敬身)·계고(稽古), 외편은 가언(嘉言)·선행(善行)으로 되어 있다. 입교는 교육하는 법을 말하는 것이고, 명륜은 오륜을 밝힌 것이며, 경신은 몸을 공경히 닦는 것이고, 계고는 옛 성현의 사적을 기록하여 입교·명륜·경신을 설명한 것이다. 가언은 옛 성현들의 좋은 교훈을 인용한 것이고, 선행은 선인들의 착한 행실을 모아 입교·명륜·경신을 널리 인용하고 있다.

소학의 공부를 성취한 학생들은 성균관(成均館)에 올라가서 대학의 도[大學之道]를 배웠다. 이들이 배웠던 과목이 『대학(大學)』·『논어(論語)』·『맹자(孟子)』·『중용(中庸)』·『예기(禮記)』·『춘추(春秋)』·『시경(詩經)』·『서경(書經)』·『주역(周易)』이었다. 『대학』에 통달하지 않고서는 다음 과목으로 나아갈 수 없었다.

『대학』은 이른바 3강령과 8조목이 핵심이다. "대학의 도(道)는 명덕(明德)을 밝히는 데 있고, 백성과 친하는 데 있으며, 지극한 선(善)에 머무는 데 있다.[大學之道, 在明明德, 在親民, 在止於至善]"는 것이 소위 3강령이고, 격물(格物)·치지(致知)·성의(誠意)·정심(正心)·수신(修身)·제가(齊家)·치국(治國)·평천하(平天下)가 바로 8조목이다.

소학을 배운 다음에 대학이라 하였더라도, 소학의 중요성은 결코 묵과되지 않았다. 예를 들면, 태종 7년인 1407년에 길창군 권근은 학문을 권하는 상소문을 올려 소학의 중요성을 강조하였다.

소학(小學)의 글은 인륜(人倫)과 세도(世道)에 매우 긴절(緊切)한 것이온데, 지금의 학자(學者)는 모두 익히지 않으니 심히 불가(不可)합니다. 지금부터 경중(京中)과 외방(外方)의 교수관(敎授官)이 모름지기 생도(生徒)들로 하여금 먼저 이 글을 강(講)한 연후에 다른 글을 배우도록 허락하게 하고, 생원시(生員試)에 응시하여 태학(太學)에 들어가고자 하는 자는 성균정록소(成均正錄所)로 하여금 먼저 이 글을 통하였는지의 여부를 상고하게 하여 응시하도록 허락하고, 길이 항식(恒式)을 삼으소서.

또한 김굉필(金宏弼, 1454~1504)은 소학의 중요성을 더욱 강조하여, 소학이 모든 학문의 입문이며 기초인 동시에 인간 교육의 절대적인 원리라고 역설하였다. 그 자신은 일생 동안 소학을 손에서 놓지 않고 소학동자(小學童子)라 자칭하였으며, "글을 읽어도 아직 천기를 알지 못했더니, 소학 속에서 지난날의 잘못을 깨달았네. 이제부터는 마음을 다해 자식 구실을 하려 하노니, 어찌 구구히 가볍고 따스한 가죽옷과 살찐 말을 부러워하리오."라고 술회한 바가 있다.

소학(小學)은 말이 소학(小學)이지, 결코 쉬운 학문이 아니었다. 왜냐하면 소학이란 서적은 경사자집(經史子集)의 요긴한 말을 모아 편집한 것이기 때문에 이해하기 어려운 곳이 많았다. 주자(朱子)는 소학서제(小學書題)에서 소학에서 가르치는 것이 "물 뿌리고 쓸며[灑掃], 응하고 대답하며[應對], 나아가고 물러서는[進退] 예절과 어버

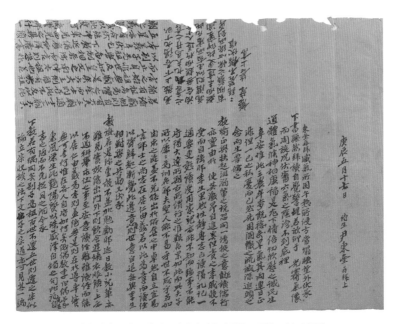

인에 처하고 의를 따르는 선비의 마음가짐을 표명한 소남의 문장

이를 사랑하고[愛親], 어른을 공경하며[敬長], 스승을 높이고[隆師], 벗을 친히하는[親友] 도리”라고 하였지만, 『소학』의 첫머리는 “하늘이 명한 것, 그것을 성(性)이라고 하고, 성(性)을 따르는 것을 도(道)라고 하며, 도(道)를 수련하는 것을 교(敎)라고 한다.[天命之謂性, 率性之謂道, 脩道之謂敎]”고 『중용』의 첫 문장으로 시작하고 있기에 결코 쉽지가 않다.

또한 소학은 단지 지나간 과거의 흔적이라고 할 수는 없다. 『소학』의 「명륜(明倫)」은 어버이와 자식[父子]의 문제, 군신(君臣), 즉 정치적 지도자와 고위 관리의 문제, 부부(夫婦)관계, 장유(長幼), 즉 윗사람과 아랫사람의 문제, 친구 사이[朋友]의 문제에 대해 언급하고 있는데, 이러한 문제 역시 현행적이기 때문이다.

소학의 현행성에 관한 예로 혼인을 들 수 있다. 혼인이란 예나 지금이나 매우 중요한 문제 중의 하나이다. 혼인은 두 사람 사이의 문제이기도 하지만, 양가(兩家)의 문제이며, 가문의 문제이기도 하기 때문이다. 딸자식을 시집 보내거나 며느리를 맞이할 때, 과연 어떠한 판단 기준에 따라야 할까?

> 안정호(安定胡) 선생이 말하였다. "딸 시집보내기를 반드시 내 집보다 나은 자에게 해야 하니, 내 집보다 나으면 딸이 사람을 섬김에 반드시 공경하고 반드시 경계한다. 며느리 맞이하기를 반드시 모름지기 내 집만 못한 자에게 해야 하니, 내 집만 못하면 며느리가 시아버지와 시어머니를 섬길 때 반드시 며느리의 도(道)를 지킨다.(『小學·嘉言』)"

소남 윤동규 선생도 사람을 가르치는 데 있어서는 반드시 소학을 기본으로 삼아 순서에 따라 배우도록 하였으므로, 7·8세의 어린아이라 하더라도 모두 절하고 읍(揖)하며 나아가고 물러나는 예절을 알게 하였다. 그리고 1749년(己巳) 순암(順菴)이 동몽교관(童蒙敎官), 즉 서울의 태학과 사학(四學)에서 소학을 중점으로 교육하는 동몽 교관에 천거되자 소학을 보라고 권한 이도 바로 소남이었다.

지금 장석(丈席)의 답서에, 『소학(小學)』을 보라고 권하셨기에 오늘 아침부터 읽기 시작하여 가르침을 받아들일 바탕을 마련하고 있습니다.[答邵南尹丈書 己巳]

남동문화원에서는 봄부터 소학 강좌를 개설하였다. 비록 가치관과 인생관이 조선시대와는 현격한 차이가 있더라도, 소학에서 언급하는 인문학적 자양분을 비판적으로 흡수하여 인문학도로서의 자질을 길러봄이 어떠할까. 【송성섭】

성호학파의 개방성, 양명학과 마주하다

　성호학파의 학풍은 개방적이었다. 성호 이익이 첨성리에 칩거하며 학문에만 전념할 수 있었던 것은 아버지 이하진이 1678년에 진위 겸 진향사(陳慰兼進香使)로 연경(燕京)에 들어갔다가 귀국할 때에 청제(淸帝)의 궤사은(饋賜銀)으로 사 가지고 온 수천 권의 서적 때문이었다. 그러므로 이러한 서적을 탐독하면서 성립한 성호학의 출생증명서에는 이국(異國)의 문물에 대한 개방성이 짙게 배어 있었다.

　성호학은 또한 매우 포용적인 학풍을 띠고 있었다. 맹목적으로 따르기만 하는 풍조가 만연하게 되면 점차로 학문이 없어지게 될 것이라고 우려하였기 때문에 풀리지 않은 의혹이 있으면 강습(講習)할 때 드러내거나 책자에 가만히 기록해 두었다가 깨치기를 구한 것이 성호학파의 학풍이었다. 그래서 의심을 품은 것은 다른 사람이 말할 수 있는 길을 열어 놓는 것이라 생각했다.

　이런 개방적이고 포용적인 학풍은 뜻하지 않은 결과를 초래하기도 하였다. 성호학파는 도통(道統)에 관해서는 주자(朱子)-퇴계의 계보였다. 퇴계에 대해서는 조선의 주자라고 여기어서 퇴계의 어록을 가려 뽑아 『이자수어(李子粹語)』를 편찬하였다. 퇴계와 고봉(高峯) 기대승이 사칠이기설(四七理氣說)에 관해 논쟁하자, 학자들의 학술이 어긋나게 되는 것을 걱정하여 성호 선생이 『사칠신편』을 지었다. 그런데 선생의 제자 신후담이 "공리(公理)의 희노(喜怒)는 이(理)의 발로"라는 설을 제기하자, 성호 선생이 그 설을 받아들여 『사칠신편』의 발문을 다시 지었는데, 끝에 가서는 퇴계로부터 멀어져서 고봉의 투가 되어 버리고 말았다. 물론 이러한 사태에 대해 문제를 제기하고 본래의 자리로 되돌린 것은 소남 선생이었다.

성호학파가 입장을 정리해야 할 것이 또 하나 있었는데, 바로 양명학이었다. 주자는 성즉리(性卽理)를 주장하였기 때문에 그의 학문을 성리학(性理學)이라고 한다. 반면에 왕양명은 심즉리(心卽理)를 주장하였기 때문에 심학(心學)이라고 한다. 마음(心)에는

왕양명

성(性)과 정(情)이 있는데, 주자는 이 중에서 오직 성(性)만이 이(理)와 맞닿아 있다는 입장이다. 반면에 왕양명은 마음(心), 즉 양지(良知)가 바로 이(理)라고 하였다.

성즉리(性卽理)와 심즉리(心卽理)가 주자학과 양명학으로 나누어지는 분기점이지만, 또 다른 분기점은 바로 사물과 마음과의 관계였다. 주자는 우리의 외부에 있는 사물들에는 각각의 이치가 있는

데, 우리의 마음이 지니고 있는 지각 능력
으로 그 사물의 이치에 도달해야 앎이 이
루어진다고 생각했다. 달리 말하면, 외부
에 있는 사물과 우리의 인식이 일치할 때
진리가 성립한다는 입장인데, 이러한 견해
를 진리대응설이라고 한다. 예를 들어 우리

주자

의 외부에 코끼리가 있다고 할 때, 실제로 있는 코끼리와 코끼리에
대한 우리의 인식이 일치할 때 진리라고 한다는 것이다.

　그런데 왕양명은 사물과 우리의 의식이 분리되어 있다는 이분
법에 반대한다. 우리의 의식은 사물과 분리되어 있지 않다는 것이
다. 우리 의식의 빛이 사물을 비추었을 때, 사물은 비로소 사물이
된다는 것이다. 모든 의식은 무엇에 대한 의식이다. 무엇과 의식은
분리불가능하다. 심지어 의식조차도 의식에 대한 의식이다. 혹자
는 아무런 사물이나 의식이 담겨있지 않은 멍한 상태가 사물과 분
리된 의식 그 자체라고, 순수한 의식이라고 말할는지 모른다. 그러
나 멍한 의식도 멍하다는 의식의 의식일 뿐이다. 만약에 의식 그
자체가 존립할 수 있다면, 그것은 무(無)이리라. 예를 들어 보자.
우주에 존재하는 블랙홀은 우리의 의식과 상관없이 존재하고 있었
지만, 블랙홀의 존재에 대해 알지 못했던 조선시대에는 블랙홀은
없는 것과 마찬가지였다. 우리 의식의 지평에 블랙홀이 들어왔을
때 비로소 블랙홀은 블랙홀이 된다. 왕양명은 이를 심외무물(心外
無物)이라고 했는데, 마음밖에 사물이 없다는 것이다.

퇴계는 양명학을 부처의 견해와 같다고 보았기 때문에 이단이라고 여겨 배척했다. 그런데 성호 선생은 성호사설 경사문(經史門)에서 "왕양명의 학설이 매우 편벽하나, 그 스스로 몸을 깨끗이 함인즉 또한 얕지 않으니, 백성에게 사납게 굴며 재물을 탐한 그러한 일이 있었겠는가? 내 왕양명의 십가패법(十家牌法)을 보건대 간악함과 거짓이 용납될 바가 없으니, 반드시 곧 실시할 만한 것이다."라고 평가하였다. 성호 선생이 양명학을 받아들인 것은 아니지만, 퇴계와는 달리 양명학을 이단이라고 배척하지는 않았다.

성호학파의 개방적이고 포용적인 경향 때문에 성호학파에는 서로 상충하는 다양한 견해들이 있었지만, 성호 선생이 살아계실 때에는 선생을 중심으로 학파의 통일성을 유지하고 있었다. 질문하고 토론하는 도리에 있어서 의견이 같더라도 그저 같은 것이 아니었고, 다르더라도 그저 다른 것이 아니었다. 그러나 성호 선생이 돌아가신 뒤에는 지하에서 들끓고 있었던 마그마가 터져 나오기 시작했다. 1766년 10월에 순암 안정복과 녹암(鹿庵) 권철신이 왕양명의 치지설(致知說)에 대해서 논쟁을 벌였던 것이다.

지난번 자네가 이곳을 지날 때, 왕양명(王陽明)의 치지설(致知說)이 매우 옳다고 하기에, 내가 그때 나의 옹졸한 견해를 얘기해 줄까 하다가 심기가 흔들려 그렇게 하지 못했던 것이 자못 후회가 되는군. 왕양명이 선유들에게 죄를 얻은 까닭도 바로 처음 공부의 길을 잘못 들어섰기 때문이지. (…) 왕양명 연보(年譜)를 보면, 그가 자기 어버이 상을 당했을 때 자기 자제들에게 이르기를, 너희들 고기 먹고 싶은 마음이 있으면 먹으라. 먹고 싶은 것을 먹지 않으면 그것은 마음을 속이는 일이라고 했다고 하니, 아아! 이게 무슨 말이란 말인가. 성인이 예를 만들 때 현자(賢者)는 너무 지나치지 못하게, 불초자(不肖者)는 발돋움하여 미칠 수 있게 하였으니, 이것이 중도(中道)라는 것 아닌가. 양명이 사심(私心)을 가지고 제멋대로 주장한 폐단이 이 지경에 이르렀으니 가탄스러운 일 아닌가.

그렇다면 소남 선생은 양명학에 대해서 어떠한 태도를 취했을까? 순암 안정복과 마찬가지로 양명학에 대해 비판적인 태도를 취했을까? 『소남선생문집』에는 권철신에게 답한 편지가 있는데, 어떠한 내용이 담겨있을지 자못 궁금해진다. 그러나 그 부분은 아직도 해제되지 않아 연구가 필요하다. 소남 윤동규 문집에 대한 해제 사업을 본격화해야 한다는 말이다. 【송성섭】

뜨거운 감자 천주학
-성호학파를 가르다

소남 종가에는 천주학과 관련한 글이 남아 있다. 소남 가문의 사상을 파악할 수 있는 소중한 문건 중의 하나인데, 한국학중앙 연구원에 보관되어 있다. 이번 글에서 는 『성호사설』 및 『성호전집』 그리고 한국학중앙연구원의 문건을 바탕으로 성호학파 및 소남 가문이 천주학에 대해 가지고 있었던 견해를 추적해 보려 고 한다.

소남 선생의 학문적 경향을 이해하 기 위해서는 성호학파에서 소남 선생 이 차지하는 위치를 가늠해 볼 필요 가 있다. 이우성 교수에 의하면, 성호 학파는 크게 중도파와 좌파 및 우파로 분류되는데, 소남 선생은 우파에 속한 다. 성호 우파에는 노성층의 온건주의

소남 종가에서 보관하고 있던
천주학 관려 무건

를 견지한 순암 안정복과 순암의 행장을 쓴 하려(下廬) 황덕길(黃德吉) 그리고 성재(性齋) 허전(許傳) 등이 속한다. 이에 반해 소장층의 급진주의를 대표하는 좌파에는 녹암(鹿菴) 권철신과 손암(巽庵) 정약전 그리고 다산(茶山) 정약용이 속하며, 중도파에는 성호 선생의 조카이자 가학(家學)을 대표하는 정산(貞山) 이병휴를 비롯하여 이가환, 이구환 등이 속한다.

이러한 분류에 따르면, 성호학파에서 사칠이기론(四七理氣論)을 둘러싸고 신후담과 이병휴 그리고 소남 선생이 벌인 논쟁은 오히려 작은 차이에 속한다고 볼 수 있다. 퇴계와 고봉의 논쟁이 성리학 내에서의 견해 차이였듯이, 사칠신편과 중발(重跋)을 둘러싼 신후담과 소남의 논쟁, 이병휴와 소남의 견해 차이도 결국 좌우학파의 분화로 이어지지는 않았다.

이에 반해 성호학파 내에서 권철신과 정약전 및 정약용의 견해는 큰 차이에 해당하며, 이로 인해 성호학 좌파가 성립하게 된 것이다. 녹암(鹿菴) 권철신은 왕양명(王陽明)의 치지설(致知說)이 매우 옳다고 여기어 순암 안정복으로부터 예(禮)를 방기했다는 비판을 들은 바 있다. 그런데 권철신은 양명학뿐만 아니라 천주학마저 받아들임으로써 성호학 우파 및 중도파와는 다른 길을 걷게 되었던 것이다.

소남 선생이 활동하던 시기에 가장 민감한 문제는 서학(西學) 및 천주학이었다. 서학이 서구의 천문학 및 지리 과학을 포함하는 학문을 뜻한다면, 천주학(天主學)은 이른바 천주를 지존으로 모시는 야소회를 지칭하는 학문으로서 당시 조선에서 뜨거운 감자로 등장했던 학문이었다.

성호 이익은 동양의 천문학이나 지리학에 비해 서학(西學)이 매우 탁월하다는 입장이었다. 성호 이익은 『성호사설』「천지문(天地門)」에서 "서양의 역학은 중국으로서는 거의 미칠 수가 없다.[西國之曆中華殆不及也] 서양이 첫째요, 회회(回回), 즉 이슬람이 그다음" 이라는 입장을 표명하였다. 또한 성호는 족손 휘조에게 답하는 편지[答族孫輝祖, 1752]에서도 마찬가지 견해를 피력하였다.

천문(天文)과 지리(地理)를 살피는 기수(器數)와 계기(械機)의 정교한 수준은 중국에서 소유하지 못한 것들일세. 대지를 두루 돌아다니면서 혼개(渾蓋)의 이치를 미루어 밝혔네. 역법(曆法)은 천년의 일지(日至, 동지와 하지)를 빠짐없이 미루어 기록한 것으로, 백 년이 지나더라도 털끝만큼도 어긋남이 없네. 내가 애완(愛玩)하는 것이 이것들에 있다네.

소남도 예수회 선교사 페르비스트(Ferdinand Verbiest)가 북경에서 1672년에 저술한 지리서 『곤여도설(坤輿圖說)』뿐만 아니라, 양마락(陽瑪諾, Emmanuel Diaz. Junior)이 저술한 『천문략(天問略)』과 이탈리아 선교사 민명아(閔明我, Philippus Maria Grimardi)가 제작한 『방성도(方星圖)』 등의 서양 천문 서적을 성호에게서 빌려 필사하여 읽을 정도로 서학(西學)에 밝았다.

그런데 천주학(天主學)에 대한 성호의 견해는 서학과는 사뭇 달랐다. 성호는 이마두(利瑪竇), 즉 마테오 리치(Matteo Ricci)가 지은 『천주실의』 발문[跋天主實義]에서 "그 학문은 오로지 천주(天主)를 지존(至尊)으로 삼는데, 천주란 곧 유가의 상제(上帝)와 같지만 공경히 섬기고 두려워하며 믿는 것으로 말하자면 불가(佛家)의 석가(釋迦)와 같다."고 평하였다. 그렇다면 성호는 무슨 이유로 천주학이 불교와 같다고 본 것인가? 그것은 바로 윤회설이었다.

『천주실의』 발문에 의하면, 윤회설은 옛날 서국(西國)의 페타와랄(閉他臥剌), 즉 피타고라스가 백성들이 거리낌 없이 악을 행하는 것을 통탄하여 윤회설(輪回說)을 만들어 내었는데, 그러한 윤회설을 석가가 계승하였으며, 한나라 명제(明帝) 때 불교가 수입되면서 윤회설도 중국에 전해지게 되었다고 한다.

그런데 이마두(利瑪竇)가 극도로 비판한 것은 불교의 윤회설이었다. 즉 불교의 윤회설을 비판함으로써 천주학을 위한 자리를 마련하려고 하였던 것이다. 그러나 성호의 입장에서 보면, 천주학은 피타고라스가 만들어 낸 윤회설과 천당·지옥설이 결합해 낸 산물에 불과하다.

이렇게 따져 보면 서양의 교화가 생겨난 연유도 대략 이해할 수 있다. 생각건대, 서양의 풍속도 차츰 투박하게 변해서 그 길흉의 인과응보에 대해 점차 믿지 않게 되었을 것이다. 이에 천주경(天主經)의 가르침이 생겨났는데, 그 처음엔 중국의 『시경』과 『서경』의 말씀 같은 데 불과하였으나 사람들이 오히려 따르지 않을까 염려하였으므로 곧 천당과 지옥의 설을 보익하였다가 지금까지 전해진 것이다. 그 후의 여러 가지 신령한 기적은 바로 저들이 말한 대로 마귀가 사람을 속인 소치에 불과하다.

인과응보. 착한 사람은 복을 받고, 악행을 저지른 사람은 벌을 받게 되어야 권선징악의 리가 성립하게 된다. 그런데 도리어 갖은 수를 써가며 부덕한 방법으로 부를 축적한 사람이 벌을 받기는커녕 떵떵거리며 산다면, 사람들은 날마다 선을 행하지 않고 악을 행하기 위해 발버둥 칠 것이다. 그래서 피타고라스가 생각해 낸 것이 윤회설이었다. 악행을 저지른 자가 설령 현세에서 벌을 받지 않더라도 결국은 벌을 받아 윤회하게 된다는 것이다.

플라톤도 『파이돈』에서 혼을 보살피기보다는 몸을 보살피기 위해서 살았던 사람들에 대해 언급한 바 있다. 즉 먹을 것이나 마실 것들과 관련된 즐거움들, 또는 성적인 즐거움에 대해 갈망하는 삶을 살았던 사람들에 대한 이야기. 이러한 사람들은 사후에 신체적(물질적)인 것의 욕망으로 해서 다시금 몸속에 묶이어 갇히게 되는 삶을 떠돌게 되는데, 폭식, 난폭함, 주색(酒色)에 탐닉하고 이에 대해 잘 대처하지 못한 자들은 나귀들과 그런 짐승들의 부류로 윤회하고, 불의(不義)와 참주 정치 그리고 강도 짓을 선호했던 자들은 이리들과 매들 그리고 솔개들의 부류 속으로 윤회하며, 이들 중에서 평민적이고 시민적인 훌륭함(덕)을 닦은 이들은 어쩌면 시민적이고 유순한 부류로, 즉 꿀벌들이나 말벌들 또는 개미들의 종족으로, 아니 그뿐만 아니라 같은 인간의 종족으로 다시 윤회하게 된다는 것이다.

성호는 이러한 윤회설에 천당·지옥설이 결합한 결과가 천주학이라고 보았다. 즉 천주학의 천당·지옥설은 윤회설의 또 다른 버전으로써 착한 사람은 천당 가고 악한 사람은 지옥에 떨어지니, 현세에서 천주의 말씀을 믿고 따라야 한다는 설에 불과하다는 것이다. 유학자인 성호가 보기에, 비록 천주학이 불교의 윤회설을 비판할지라도, 기실 천당·지옥설 또한 윤회설과 궤를 같이하며, 불교나 천주학이나 모두 미덥지 못하다는 것이다.

소남 선생(1695~1773)이 천주학에 대해 쓴 글은 아직 발견하지는 못하였다. 다만 소남 종가에는 천주학과 관련한 글이 두 편 남아 있다. 소남 가문의 사상을 파악할 수 있는 소중한 문건 중의 하나인데, 한국학중앙연구원에 보관되어 있다. 이 글에 신유(辛酉)라는 연도가 등장하는 것으로 보아, 1805년 즈음에 작성된 것으로 보이며, 순조 때 대사간(大司諫)을 지낸 오정원(吳鼎源)과 극배(克培)의 이름이 등장한다. 아마도 이 문건은 소남 선생의 증손자인 윤극배(尹克培, 1777~1839)가 쓴 것으로 추정된다. 이 글에 의하면, 안정복은 서양학을 배척하는 입장이었으며, 대사간 오정원은 서양학을 무부(無父), 무군(無君)의 측면에서 비판하고 있었다.

무부, 무군은 『맹자(孟子)』에 나오는 용어이다. 춘추전국시대에 성인의 도가 쇠퇴하여 제후들이 방자하게 되고, 선비들이 괴이한 학설을 남발하여 양주와 묵적의 학설이 천하에 가득 차게 되었을 때, 이들의 사상을 비판하기 위하여 맹자가 사용한 용어가 바로 무부, 무군이다. 내 몸에서 터럭 하나를 뽑아 세상을 구제할 수 있더라도 그러하지 않겠다는 것이 양주의 위아(爲我)설이고, 남의 어버이를 내 부모보다 먼저 사랑하고 이롭게 해야 효행이 천하에 가득 차게 된다는 것이 묵자의 겸애(兼愛)설인데, 이로부터 모든 제왕을 무시한다는 무군과 내 부모를 등한시한다는 무부의 비판을 받게 된 것이다. 유학의 측면에서 보면, 천주학은 무부, 무군의 사상이며, 국가와 가족의 근간을 해치는 것이기에 절대로 받아들일 수 없는 사상이었으리라. 【송성섭】

『태현경』,
소남보다 앞서는 사람은 없다

　이번에 소남 선생과 관련하여 언급할 이야기는 '또 하나의 주역'이라고 일컫는 태현경(太玄經)에 관한 내용이다. 혹자는 미국 NASA에서 제작한 로버 퍼서비어런스(perseverance, 탐사선 이름)가 화성의 고대 삼각주로 추정되는 '예제로 크레이터(Jezero Crater)'에서 보내온 사진을 인터넷으로 감상할 수 있는 시대에, 아닌 밤중에 홍두깨처럼 왜 주역이냐고 반문할지도 모른다. 혹자는 현대 물리학을 통해 중성자, 양성자, 전자와 같은 여러 가지 입자들의 운동을 이해하게 된 첨단 과학의 시대에 왜 점치는 책 주역 얘기냐고 의아해할지도 모른다.

　그렇다. 유클리드 기하학의 시대가 아니라, 양자 역학의 시대이기 때문에 주역과 태현경 이야기를 꺼내는 것이다. 물론 태현경은 소남 윤동규 선생과 떼려야 뗄 수 없는 관계에 있다는 점을 미리 밝혀두기로 하자.

　모든 것은 원자로 이루어져 있다. 우리가 마시는 공기도 원자로 이루어져 있으며, 우리의 몸도 원자로 이루어져 있다. 우리가 먹는

밥도, 김치도, 물도, 고기도 원자로 이루어져 있으며, 뇌도 컴퓨터도 원자로 이루어져 있다. 이처럼 모든 물질을 이루는 원자 세계를 연구하는 학문을 양자 역학이라고 하는데, 양자 역학의 역사에서 가장 중요한 사람 중의 한 사람이 바로 양자 역학의 아버지라고 불리는 닐스 보어이다.

보어는 철학자의 풍모를 지닌 물리학자로 전해진다. 수소의 선 스펙트럼을 설명하면서 원자의 구조에 대한 가설을 내놓아 1922년에 노벨물리학상을 수상했다. 보어는 서양의 근현대 과학자들 중에서는 거의 유일하게 주역 등의 동양철학에 심취하였는데, 양자 역학의 원리와 주역의 음양이론이 서로 연관성이 있다고 여겼기 때문이다. 그래서 주역의 태극을 아예 가문의 문장으로서 채택하였으며, 노벨상을 타러 갈 때도 팔괘도가 그려진 옷을 입고 갈 정도로 주역 철학에 빠져든 이가 바로 보어였다.

"대립적인 것은 상보적인 것이다.(Contraria sunt Complementa)" 보어가 가문의 문장에 새긴 글귀이다. 두 가지를 동시에 얻을 수 없을 때, 보어는 그것을 상보성이라 불렀다. 원자의 입자와 파동이 그 좋은 예다. 전자는 입자이면서 또한 파동의 성질을 지니고 있다. 그러나 입자성과 파동성은 상보적 관계에 있기 때문에 동시에 그 모습을 드러내지는 않는다.

전자는 작은 알갱이의 입자이다. 전자라는 입자를 바람개비에 쏘아 주면 바람개비가 돌아간다. 전자가 야구공처럼 질량을 가진 입자이기 때문이다. 전자는 또한 파동의 성질을 가지고 있다. 파동성을 설명하기 위해서는 약간의 실험이 필요하다. 벽에 2개의 구멍을 뚫고, 벽을 향해 전자를 쏘아 보자. 물론 벽 뒤에는 스크린이 설치되어 있다. 만약에 전자가 야구공 같은 입자라면, 두 개의 구멍을 통과한 전자는 스크린에 도달하여 두 개의 줄무늬를 형성할 것이다.

그런데 실험의 결과는 전혀 딴판이었다. 스크린에 두 개의 줄무늬가 아니라 여러 개의 줄무늬가 형성된 것이다. 동심원을 그리며 퍼져 나가는 전자의 파동성에 의해 두 개의 구멍을 동시에 통과했기 때문에 여러 개의 줄무늬, 즉 간섭무늬가 스크린에 생긴 것이다.

전자의 입자성과 파동성이 상보적 관계에 있듯이, 음양(陰陽)도 상보적 관계에 있다. 전자는 입자이면서 파동인데, 측정을 하게 되면 입자 또는 파동만이 관측된다. 측정이라는 과정을 거치게 되면, 입자와 파동이라는 두 가지 중첩상태 중에서 한 가지 상태만이 관찰된다는 것이다.

태극(太極)도 마찬가지이다. 주돈이(周敦頤)의 태극도설을 보면, 태극은 음(陰)이면서 양(陽)이고, 양(陽)이면서 음(陰)인 중첩상태이다. 또한 양(陽) 속에 음(陰)이 잠재되어 있고, 음(陰) 속에도 양(陽)이 잠재되어 있다. 그런데 측정이라는 단계를 거치게 되면, 즉 우리가 관찰을 하게 되면, 우리에게 보이는 것은 음기(陰氣) 또는 양기(陽氣)일 뿐이다. 달리 말하면, 태극은 측정되지 않는다. 음양이 중첩되어 있는 태극은 측정이라는 방법을 통해서는 파악되지 않는다. 측정하는 순간에 태극은 음(陰)이나 양(陽)으로 정해진다. 측정이라는 행위가 대상에 영향을 주기 때문이라는 것이 양자 역학의 설명이다.

양자 역학의 또 다른 비밀은 양자 도약이다. 원자는 양(陽, +)전하를 띤 원자핵과 음(陰, -)전하를 띤 전자로 되어 있으며, 전자는 원

음양도

자핵 주위를 돌고 있다. 그리고 전자의 원운동 궤도는 공간적으로 띄엄띄엄하게 존재한다. 마치 태양을 중심으로 수성과 금성, 지구, 화성, 목성 등이 띄엄띄엄하게 존재하는 것처럼 말이다. 문제는 띄엄띄엄한 궤도들 사이를 전자가 이동하는 방법이다. 전자는 이웃한 두 궤도를 이동할 때, 그 사이의 공간에 존재하지 않으면서 불연속적으로 지나간다. 마치 지구 궤도에 있던 전자가 갑자기 사라져서 화성 궤도에 나타나는 방식으로 전자는 도약한다는 것이 양자 도약이다.

마찬가지이다. 주역에는 여섯 개의 효(爻)가 있는데, 여섯 개의 궤도가 있다고 생각하면 무난하다. 그런데 주역에서도 양자 도약이 일어난다. 첫 번째 효(爻)에 있던 음양(陰陽)이 갑자기 점프하여 두 번째 궤도로 이동하거나, 그 밖의 다른 궤도로 도약한다. 이러한 이유로 양자 역학의 아버지 닐스 보어가 태극도설을 가문의 문장으로 삼았을 것이다.

태현경은 또 하나의 주역으로 불린다. 비록 주역이 2수(數) 체계를 위주로 하고, 태현경이 3수(數) 체계를 위주로 한다는 차이가 있

기는 하지만, 주역의 논리와 태현경의 논리가 같다는 것이다. 태현경은 중국 전한 말기의 사상가이며 문장가인 양웅(楊雄, B.C 53~A.D 18)의 저작인데, 그는 경(經)으로는 『역(易)』보다 위대한 것은 없다고 여겨 『태현(太玄)』을 지었고, 전(傳)으로는 『논어』보다 위대한 것은 없다고 여겨 『법언(法言)』을 지었다.

그런데 소남 윤동규 선생께서는 태현경에 독보적인 존재셨다. 순암(順庵) 안정복이 지은 소남 행장(行狀)에 의하면, 소남의 스승이었던 성호 이익은 "양웅(楊雄)의 태현경에 대해서 명나라 선비 몇몇 사람은 태현경의 원본은 세상 사람들이 이해하기 어렵다고 하였는데, 윤아무개는 한 번 보고서 환히 알고 그 취지를 설명하였으니, 지금 시대에 이치를 연구하는 학자 가운데 그보다 앞서는 사람이 없다."고 평하였다. 소남 문집의 「잡저(雜著)」편에는 태현경에 관한 두 편의 글이 전하고 있는데, 지면상 이에 대한 소개는 다음으로 미루어야겠다. 【송성섭】

조선 최고 경지에 이른
소남의 『태현경』

　　조선시대에 『태현경(太玄經)』은 학문하는 사람들의 필독서는 아니었다. 조선왕조실록에는 『주역』에 관한 기록은 많지만, 『태현경』에 관한 언급을 찾을 수는 없다. 전한(前漢)을 무너뜨리고 신(新)왕조를 창건하여 중국 역사상 최초의 '찬탈자'로 평가받는 왕망(王莽)의 대부(大夫)가 양웅(揚雄)이었기 때문이다. 그리하여 조선 태종 때에는 문묘의 제사에서 양웅이 축출되었고, 양웅의 신주(神主)는 막히고 가려져서 사람들이 보지 못하는 곳에 묻히는 신세가 되고 말았다. 그러나 정조(正祖)는 『일성록(日省錄)』에서 "『태현경』도 매우 훌륭하다."고 말한 바 있으며, 퇴계도 『태현경』에 대해 자세히 언급한 것으로 보아, 후대에는 『태현경』에 대한 연구가 제법 이루어지고 있었다고 할 수 있다.

　　『태현경』은 조선시대 중요 문헌 중의 하나였던 『주역』과 도(道)는 같지만, 법(法)은 다르다. 『태현경』 중에서 천현(天玄)은 중(中, ☰, 一方一州一部一家)에서 시작되는데, 『주역』의 중부(中孚)괘에 해당한다. 이에 대한 진(晉)의 범망(范望)의 주해에 따르면, 중(中, ☰)

은 24절기 중에서 동지(冬至)에 해당하며, 해(日)는 28수(宿) 중에서 북방 7수의 우수(牛宿) 1도(度)에서 시작하고, 북두칠성은 자(子)의 위치에 있고, 12율려(律呂) 중에서는 황종(黃鍾, 서양음악의 도에 해당)에 들어맞으며, 하(夏)나라의 11월에 해당한다.

지현(地玄)은 경(更, ☳, 二方一州一部一家)에서 시작되며, 『주역』의 혁(革)괘에 해당한다. 24절기 중에서 곡우(穀雨) 절기가 경(更)의 첫 번째에서 시작된다. 북두는 진(辰) 방향을 가리키고, 12율려(律呂) 중에서 고선(姑洗, 서양음악의 미에 해당)을 사용한다. 경(更)의 첫 번째에 해(日)는 서방 7수 중에서 묘수(昴宿) 9도(度)에 들어간다.

인현(人玄)은 감(減, ☶, 三方一州一部一家)에서 시작되며, 『주역』의 손(損)괘에 해당한다. 24절기 중에서 처서(處暑) 절기가 감(減)의 첫 번째에서 일어난다. 북두는 신(申) 방향을 가리키고, 12율려(律呂) 중에서 이칙(夷則, 서양음악의 솔#에 해당)이 사용된다. 감(減)의 첫 번째에 해(日)는 남방 7수 중에서 익수(翼宿) 15도(度)에 들어간다.

『태현경』은 천현(天玄) 27수(首), 지현(地玄) 27수(首), 인현(人玄) 27수(首), 총 81수(首)로 구성되어 있으며, 이를 자세히 살펴보면 아래와 같다.

천현(天玄) 27수(首): 中·周·礥·閑·少·戾·上·干·狩·羨·差·童·增·銳·達·交·耎·傒·從·進·釋·格·夷·樂·爭·務·事

지현(地玄) 27수(首): 更·斷·毅·裝·衆·密·親·斂·彊·睟·盛·

居·法·應·迎·遇·竈·大·廓·文·禮·逃·唐·常·度·永·昆

인현(人玄) 27수(首): 減·唫·守·翕·聚·積·飾·疑·視·沈·內·
去·晦·瞢·窮·割·止·堅·成·闕·失·劇·馴·將·難·勤·養

소남 선생은 『태현경』에 관하여 두 편의 글을 남겼다. 하나는
'서태현경(書太玄經)'이라는 글이고, 다른 하나는 '양자의 태현경
제편을 읽고 의문을 기록하다.[讀楊子太玄經諸篇記疑]'라는 글이다.
이 중에 후자의 글은 『태현경』의 이론을 설명한 「현리(玄攡)」, 「현
도(玄圖)」, 「현영(玄瑩)」을 인용하여 자신의 견해를 밝힌 글이기에
제법 난해하다. 이에 반해 '서태현경'은 『태현경』에 관한 기본적인
개요를 설명한 글인데, 소남 선생은 『태현경』에 관해 이렇게 설명
하고 있다.

대개 현(玄)은 모두 천(天)·지(地)·인(人) 삼방(三方)을 낳으며,
방(方)은 각기 천·지·인을 더하여 9주(州)가 되고, 주(州)는 각기
천·지·인을 낳아 27부(部)가 되고, 부(部)는 각기 천·지·인을 낳
아 81가(家)가 된다. 1은 3이 되고, 3은 9가 되고, 39는 27이 되고
3,27은 99, 81인 것이다. 처음부터 끝에 이르기까지 천·지·인으로
써 서로 더하여 방(方)·주(州)·부(部)·가(家)를 낳는 데 불과하니,
현(玄)은 그중에 실려 있는 것이다.

소남 선생의 설명에 따르면, 『태현경』은 천(天)·지(地)·인(人)을

書太玄經

雄之談玄祖述老子濫於京房卦氣辟卦之術者也盖玄爲都

而生天地人三方方各加天地人而爲九州州各生天地人而

爲二十七部部各廿天地人而爲八十一家一而三三而九三

九而二十七三二十七而爲九九八十一者也自始至終不過

以天地人相加而生方州部家而玄載其中者也房則去震兌

坎離爲監司方伯不用但以六十卦三百六十爻當朞三百六

十之用而玄則晝用六十四卦又加十八卦盖準九九之數而

然如家首中周礩閑之名實與房所配列中孚復北之卦名異

而實同温公之述盖無改評其所以爲首者三摹而晝而四分

其四分者以方州部家也其名首爲周爲礩之類實與四分之

소남이 지은 서태현경(書太玄經)

계속 더하여 81가(家)에 이르는 3수(數) 체계라고 할 수 있다. 현(玄)은 천·지·인 삼방(三方)을 낳는다. 즉 현은 천방(天方) ▬, 지방(地方) ▬▬, 인방(人方) ▬▬▬으로 분화되고, 천방 ▬은 또한 그 밑에 천·지·인 ▬, ▬▬, ▬▬▬을 낳고, 마찬가지로 지방 ▬▬도 그 밑에 천·지·인 ▬▬, ▬▬, ▬▬▬을 낳으며, 인방 ▬▬▬도 각기 그 밑에 천·지·인 ▬▬▬, ▬▬▬, ▬▬▬를 낳아 9주(州)가 된다. 9주는 27부(部)가 되고(예를 들면, ▬), 27부는 81가(예를 들면, ▬)를 낳는다.

위의 예에서 알 수 있는 것처럼, 『태현경』은 천(天)·지(地)·인(人)에 기반한 3수(數) 체계를 그 특징으로 한다. 좀 더 정확히 말하면, 『태현경』은 방(方)·주(州)·부(部)·가(家)의 2수 체계를 포함한 천·지·인 3수 체계라고 할 수 있다. 이에 반해『주역』은 3수 체계를 포함한 2수 체계이다. 『주역』은 음양 이기(二氣), 사상(四象), 팔괘(八卦), 64괘(卦)로 이어지는 2수 체계이면서도 천·지·인 삼재(三才)를 포함하는 체계이기 때문이다.

혹자는 '3수 분화의 세계관'이 수렵·유목 문화에 기반한 북방 샤머니즘 사유체계의 특징이며, '동북아시아의 모태문화'인데, 『태현경』의 수리체계도 북방 샤머니즘에서 기원한 '3수 분화의 세계관'에 바탕을 둔 것이라는 견해를 제출한 바 있다. 매우 흥미로운 견해이지만 따져볼 부분이 많다는 생각이다.

『태현경』은 또한 이른바 「천부경(天符經)」과도 밀접한 연관이 있는 것으로 보인다. 「천부경」은 1916년에 계연수(桂延壽)가 묘향산 석벽본을 탁본한 것이라고 하면서 1917년 단군교당에 보낸 후

알려지기 시작했다. 그 후 1920년에 도교 사상가이자 정신철학자인 전병훈(全秉薰)이 그의 저서『정신철학통편(精神哲學通編)』에「천부경」해제를 실었다. 그런데「천부경」에 대해 단군시대부터 전해 내려온 우리 고유의 경전이라는 견해도 있고, 불분명한 출처 때문에 그 내용에 대해 회의하는 견해도 있다.

「천부경」은 모두 81자로 되어 있다. 그런데 이에 대한 해석도 아직도 제각각인 형편이다.「천부경」은 여전히 해독되어야 할 암호 문서인 것이다.

　　一始無始一析三極無盡本天一一地一二人一三一積十鉅無匱化
　　三天二三地二三人二三大三合六生七八九運三四成環五七一妙衍
　　萬往萬來用變不動本本心本太陽昻明人中天地一一終無終一

「천부경」에 대한 해석이 다양하지만, '一析三極'에 대한 해석은 대체로 동일한 편이다. 즉 일(一)은 천·지·인 삼극(三極)으로 나누어진다고 해석하고 있다. 필자가 보기에「천부경」중에서『태현경』과 관련이 있다고 여겨지는 부분은 바로 '天一一, 地一二, 人一三'이라는 부분과 '大三合六生七八九'라는 부분이다.

'天一一, 地一二, 人一三'은 곧바로 ▆▆, ▆ ▆, ▆ ▆ ▆을 연상하게 한다. 그런데『태현경』의「현도(玄圖)」편에서도 "현(玄)에는 하나의 도가 있는데(玄에서 쓰이는 바는 一이고, 道는 나뉘어 三을 사용한다), 일(一)은 삼(三)으로써 일어나고, 일(一)은 삼(三)으로써 낳는다. 삼(三)으로써 일어나는 것은 방(方)·주(州)·부(部)·가(家)이다. 삼(三)으로써 낳는 것은 양기(陽氣)를 셋으로 나누어서 삼중(三重)이 된다.”고 언급하고 있으며, 삼중(三重)이란 一一, 一二, 一三을 말한다고 주석하고 있다. 이로부터 보면, 「천부경」에서 말하는 ‘天一一, 地一二, 人一三’은 『태현경』에서 말하는 삼중, 즉 ‘一一, 一二, 一三’을 뜻한다고 볼 수 있다.

‘大三合六生七八九’에 대해서도 여러 가지 견해가 있다. 어떤 이는 ‘六生七八九’로 끊어 읽기도 하는데, 필자가 보기에는 ‘大三合六生七八九’로 읽어야 제대로 해석이 가능하다. 여기서 ‘大三’이란 천방(天方) ▬, 지방(地方) ▬ ▬, 인방(人方) ▬ ▬ ▬을 의미하며, 1+6=7, 2+6=8, 3+6=9을 의미한다고 여겨진다. 즉 ‘大三合六, 生七八九’인 것이다. 이러한 해석은 『태현경』의 「설법(揲法)」에서도 확인할 수 있다. 「설법」에 의하면, 천(天)의 산가지는 18이고, 지(地)의 산가지도 18인데, 지(地)는 산가지 세 개를 비운다. 이는 주역에서 대연(大衍)의 수가 50이지만, 49개의 산가지를 사용하는 것과 같은 이치이며, 따라서 설법에서는 33개의 산가지를 사용한다. 33개의 산가지 중에서 하나를 떼어내어 왼쪽 손가락의 새끼손가락에 끼운다. 32개의 산가지를 임의의 두 부분으로 나눈 후에 한쪽을 세 묶음씩 세면, 나머지가 1이나 2 또는 3이 된다(이것이 「천부경」에서 말하는 ‘大三’이다). 다시 다른 한 부분을 세 묶음으로 세면, 10 이하에 이르게 되는데, 나머지 산가지가 7이면 1획(▬)이 되고, 나머지가 8이면 2획(▬ ▬)이 되고, 나머지 산가지가 9이면 3획

(━━━)이 된다. 이를 네 차례 반복해서 하나의 수(首)를 얻게 된다. 이로부터 보면, '大三合六生七八九'는 『태현경』의 「설법(揲法)」과 동일하다고 할 수 있으며, 「천부경」은 그 족보를 따지자면 『태현경』과 친족 관계에 있다고 할 수 있다.

　소남 선생이 『태현경』에 관심을 가지게 된 동기를 아직까지는 정확히 알 수 없다. 『소남문집』에서 그 해결의 실마리를 찾을 수 있기를 기대해 본다. 그렇지만 적어도 몇 가지 정도는 유추해 볼 수 있는데, 첫째로는 퇴계와의 관계이다. 성호 이익이 젊었을 때 『퇴계집』을 채록하였다가 신유년인 1751년 소남 선생에게 정리를 부탁한 일이 있다(『星湖先生全集』 「答安百順」(壬申, 1752)). 이때 『퇴계집』에 수록되어 있는 『태현경』에 대한 기록을 보았을 것이라 짐작된다. 퇴계가 『태현경』에 대해 해박을 지식을 갖고 있었다면, 소남은 퇴계보다 한발 더 나아가 『태현경』에 관한 한 조선 최고의 경지에 이르게 되었다. 두 번째로는 천문학과의 관계이다. 소남 윤동규 선생은 서방 7수 중에서 '규(奎)'라는 별을 자신의 이름으로 삼았듯이, 천문학적 운명을 타고났다고 할 수 있다. 그런데 『태현경』은 기본적으로 천문학을 배경으로 논리를 전개하고 있기에, 소남 선생 또한 태생적으로 『태현경』을 연구할 수밖에 없는 운명에 있었다고 할 수 있다. 조선에서 소남보다 앞선 자가 없었던 『태현경』! 이번 기회에 남동문화원에서 『태현경』에 관한 심도 깊은 공부가 진행되기를 바란다. 【송성섭】

소남, 동양 음악의 깊이를 깨치다

호랑이는 죽어서 가죽을 남기고, 사람은 죽어서 이름을 남긴다. 소남 윤동규 선생은 사후에 『소남선생문집』을 남겼는데, 이 가운데 특이하게 음악에 관한 글들이 들어있다. 「잡저(雜著)」에 수록되어 있는 '종률합변의(鍾律合變疑)', '종률변(鍾律辨)', '선궁구변동이변(旋宮九變同異辨)'이 바로 그것인데, 음악에 관한 전문적 식견이 없으면 도저히 쓸 수 없는 글들이다.

소남 선생이 이러한 글들을 쓸 수 있었던 배경은 무엇일까? 아마 두 가지 사유를 미루어 짐작할 수 있다. 하나는 성호 선생과의 관계이다. 성호는 과거와 출세에 뜻이 없었으므로, 시간적 여유가 많았다. 그래서 전기(傳記)·자집(子集)·시가(詩家)·회해(詼諧)나 혹은 웃고 즐길 만한 것을 붓가는 대로 적은 것이 많았으며, 이를 책으로 묶었는데 이것이 바로 『성호사설(星湖僿說)』이다. 백화점식의 자질구레한 글이라는 의미인데, 매우 겸손한 표현이다. 『성호사설』은 천지문(天地門), 만물문(萬物門), 인사문(人事門), 경사문(經史門), 시문문(詩文門)으로 편집되어 있으며, 여기에 음악에 관한 글

用郢未可知也

旋宮九變同異辨

旋宮之法與九變之用自不同旋宮以均聲而言九變以均調

而言十二律各文之以五聲則是六十聲而律各為宮也然大

呂聲則五聲已變於黃鐘宮矣又黃鐘為九寸而寸各九分

之寸圍九分今取小素之首為聲之數則九九八十一而為宮

音之本數林鐘圍六分取九分寸之一則為五十四徵聲之數

大簇圍八分與九寸分之一則八九七十二而為商聲之數姑

洗南呂之數以徵角之勘合則大縣少有差互然峽五律緊浮

其五聲之正數而以黃鐘一均之聲而言則雖以五律言之如

以大簇為宮而言則南呂已非徵聲之出而自是南呂均聲將

用南呂之　郢與必勢所不能然則律本無興於文聲之次推

음악에 관한 소남의 글 '선궁구변동이변(旋宮九變同異辨)'

들이 다수 수록되어 있다.

"속악에 낙시조(樂時調)로 하림(河臨)·최자(嗺子)·탁목(啄木) 등 곡조가 있다. 신라사(新羅史)에 '왕이 가야(伽倻) 사람 우륵(于勒)을 하림궁(河臨宮)으로 불러보고 하림(河臨)·수죽(漱竹) 두 곡조를 연주하게 했다.' 하였으니, 이것이 동방 악조(樂調)의 시초이다. 지금의 『악범(樂範, 『악학궤범』을 말함)』에는 일명 청풍체(淸風體)라고 하며, 탁목(啄木)을 또한 하림이라고 일컬으니, 모두 우륵의 여류(餘流)이다. 오늘날의 정과정(鄭瓜亭) 계면조(界面調)는 애상에 젖어서 사대부로서 배워 익히지 않는 이가 없다."

위의 글을 통하여 우리는 성호 선생이 『악학궤범』을 읽었을 뿐만 아니라, 『악학궤범』에서 제대로 설명하지 못하고 있는 하림조(河臨調)·수죽조(漱竹調)에 관하여 설명하고 있다는 것을 알 수 있다. 이 밖에 『성호사설』에는 신라금(新羅琴), 필률(觱栗), 생(笙) 등의 악기에 관한 글도 있고, 『고려사』 악지(樂志)에 등장하는 무애(無㝵), 동동곡(動動曲), 무고(舞鼓) 등에 관한 설(說)도 있으며, 조선 시대에 사용되었던 몽금척(夢金尺)·수보록(受寶錄)·근천정(覲天庭)·수명명(受明命)·하황은(荷皇恩)·하성명(賀聖明)·성택(聖澤)·육화대(六花隊)·곡파(曲破) 등의 악곡도 등장한다. 이를 통해 성호의 음악에 관한 식견이 매우 광범하다는 것을 알 수 있다.

그런데 더욱 놀라운 것은 채원정이 지은 음악 이론서인 『율려

신서』도 『성호사설』에서 언급하고 있다는 것이다. 『율려신서』는
세종 시대에 악론을 정비하거나 악기를 제작할 때 중요하게 참고하
였던 서적 중 하나인데, 이를 제대로 읽을 수 있는 사람이 별로 없
을 정도로 어려운 서적이었다. 그 때문일까? 『성호사설』에는 음악
이론에 해당하는 악률(樂律)에 관한 글도 있다.

"악학(樂學)은 가장 이해하기 어렵다. 한 곡조 일곱 가지 소리에
오로지 서로 범릉(犯陵)함을 금지하며, 감하는 것은 있고 보태는
것은 없으나, 율(律)로 성(聲)을 조화하는 데 이르러서는, 뒤죽박죽
흐트러지니 범릉하지 않는다는 것이 어디에 있는가? 부득이한 지
경에 이르러서는 또 반성(半聲)을 쓰는데, 황종(黃鍾)의 수가 81이
라면 거기서 반을 쓰는 것과 같은 것이 이것이다. 반을 쓰고서 억지
로 이름하여 황종이라 하면 되겠는가? 이 밖에도 범릉해서는 안 되
는 것이 많은데, 따로 저서(著書)가 있으니 더 말하지 않겠다. (…)"

성호가 음악에 관해 다양한 글을 남겼다는 사실로부터 우리는
소남 또한 음악에 관해 정통하였다고 추론할 수 있다. 왜냐하면
성호 선생이 쓴 글을 원문과 대조하고, 취할 만한 점이 있는지 평
가하였으며, 착오가 있는 부분이 있으면 증거를 제시하고 수정하
여 성호 선생의 글을 완성하였던 이가 바로 소남이었기 때문이다.
소남이 음악에 관한 글을 쓸 수 있었던 또 다른 배경으로 『태현
경(太玄經)』을 들 수 있다. 소남의 스승인 성호도 물론 『태현경』에

관한 글을 『성호사설』에 남긴 바 있지만, 대부분 729찬(贊)에 대해 해석하는 글이었다.

"어린아이는 울어도 사흘 동안은 목이 쉬지 않는다.[嬰兒于號 三日不嗄]"는 것은 마음이 화평하다는 뜻이요, "거미는 아무리 힘써도 누에가 만드는 비단만 못하다.[蜘蛛其務 不如蠶繡]"는 것은 사람에게 유익이 없다는 뜻이요, "소는 뿔이 없고 말에 뿔이 났다는 것은 고금에 없는 일이다.[童牛角馬 不今不古]"라는 것은 하늘의 떳떳한 이치가 변해진다는 뜻이요, "잘 달리던 말이 머뭇거리면 그 마부(馬夫)를 다시 바꿔야 한다.[馵馬跙跙 而更其御]"는 것은 마부를 바꿔야 좋다는 뜻이다.

당대에 『태현경(太玄經)』에 관한 한 소남보다 앞선 사람은 없었다. 『태현경』은 기본적으로 천문학에 기반하여 논리를 전개하고 있는 동시에, 음악과도 매우 밀접하게 연관시켜 서술하고 있는 것이 특징이다. 예를 들면, 「현수(玄數)」라는 곳에서는 "소리(聲)는 10간(干)에서 생기고, 율(律)은 12지(支)에서 생긴다.[聲生於日, 律生於辰]"고 말하고 있다. 10간(干) 중에서 갑을(甲乙)은 각(角, 서양의 미에 해당)이 되고, 병정(丙丁)은 치(徵, 솔에 해당)가 되고, 경신(庚辛)은 상(商, 레에 해당)이 되고, 임계(壬癸)는 우(羽, 라에 해당)가 되고, 무기(戊己)는 궁(宮, 도에 해당)이 된다는 것이다. 또한 12율려(律呂)에 대해서는 이렇게 언급하고 있다.

"황종(黃鍾)은 임종(林鍾)을 낳고, 임종은 태주(太蔟)를 낳고, 태

邵南先生文集

雜著

　鍾律合變疑

周禮大司樂以六律[陽]聲六同五聲八音六舞大合樂分樂而序
之奏黃鍾歌大呂[子]奏太簇歌應鍾[亥]奏姑洗歌南呂[酉]奏㽔賓
[寅]歌林鍾[申]奏夷則[辰]歌小呂[巳]奏無射歌夾鍾凡六樂文之以五聲播之
以八音凡六樂一變二變三變四變五變六變凡樂圜鍾為宮
夾鍾黃鍾為角太簇為徵姑洗為羽[午]六變凡七[巳]樂函鍾為宮
太簇為角姑洗為徵南呂為羽八變凡樂黃鍾為宮大呂為角
太簇為徵應鍾為羽九變太師掌六律六同以合陰陽之聲陽
聲黃鍾太簇姑洗㽔賓夷則無射陰聲大呂應鍾南呂函鍾小
呂夾鍾皆文之以五聲皆播之以八音合則以十二方伍相合

소남의 '종률합변의(鍾律合變疑)'

주는 남려(南呂)를 낳고, 남려는 고선(姑洗)을 낳고, 고선은 응종(應鐘)을 낳고, 응종은 유빈(蕤賓)을 낳고, 유빈은 대려(大呂)를 낳고, 대려는 이칙(夷則)을 낳고, 이칙은 협종(夾鐘)을 낳고, 협종은 무역(無射)을 낳고, 무역은 중려(仲呂)를 낳는다."

동양의 음악론을 처음 접하시는 분들에게는 매우 난해한 문장이라 여겨진다. 그런데『소남선생문집』에 수록되어 있는 음악에 관한 글들은 동양 음악론에 대한 기본적인 개념을 알아야 비로소 접근할 수 있을 정도이다. 이 때문에 우리는 다소간 긴 우회로를 거치지 않으면 안 된다. 【송성섭】

소남 윤동규 천주학에 답하다

성호학파의 학풍은 매우 개방적이었다. 퇴계가 이단으로 몰아 붙였던 양명학에 관해서도 긍정적인 측면이 있다고 보았으며, 이로 인해 권철신이 양명학에 입문하기도 하였다. 성호학파는 특히 서양 문물에 매우 호의적이어서 천문지리에 관한 한 중국이 따라갈 수 없다고 평가한 바 있다. 그러나 성호학파에게 가장 뜨거운 감자는 역시 천주학이었다.

성호는 천주학에 대해 이중적인 태도를 보이고 있었다. 한편으로는 "구라파(歐羅巴)의 천주(天主)에 대한 설은 내가 믿는 바는 아니다.[星湖先生全集 卷之二十六/書, 答安百順 丁丑, 別紙]"라고 부정적으로 말하기도 하였으나, 또한 긍정적인 측면에서 "천주(天主)와 마귀의 논설이 섞여 있는 것만이 해괴할 따름이니, 만약 그 잡설을 제거하고 명론(名論)만을 채택한다면, 바로 유가자류(儒家者流)라고 하겠다.[성호사설 제11권/인사문(人事門) 칠극(七克)]"라고 말하기도 하였다.

그러나 무엇보다도 천주학에 대한 성호의 입장은 『천주실의』 발문[跋天主實義]에 소상하게 기재되어 있다.

"그 학문은 오로지 천주(天主)를 지존(至尊)으로 삼는데, 천주란 곧 유가의 상제(上帝)와 같지만 공경히 섬기고 두려워하며 믿는 것으로 말하자면 불가(佛家)의 석가(釋迦)와 같다. 천당과 지옥으로 권선징악을 삼고 널리 인도하여 구제하는 것으로 야소(耶蘇)라 하니, 야소는 서방 나라의 세상을 구원하는 자의 칭호이다. (…) 저 서양은 무슨 이치든 궁구하지 않은 것이 없고 깊은 이치도 통달하지 않은 것이 없는데 오히려 고착된 관념에 빠져 벗어나지 못하니, 안타깝다."

결국 천주학에 대한 성호의 입장은 "나는 천주귀신(天主鬼神)의 설은 내쳐 버렸으나, 욕심을 줄이고 선(善)을 좋아하는 것은 받아들였네. 사물을 끌어다 비유를 하는 것은 종종 버릴 수 없는 바가 있네.[성호전집 제33권/서(書), 答族孫輝祖 壬申]"라고 요약할 수 있을 것이다.

천주학에 대한 소남의 입장이 이제까지 명확하게 드러난 적은 없다. 그의 문집이 전적으로 해독되지 못한 탓이다. 그런데 『소남문집』을 뒤적이다 다행히 천주학에 대한 글을 두 편이나 발견하였는데, 하나는 병자년(丙子年)인 1756년 8월 안백순, 즉 안정복에게 답하는 편지이고, 다른 하나는 같은 해 12월에 역시 안정복에게 답하는 편지이다. 1756년은 영조(英祖) 32년에 해당하는데, 이때는 조선 최초의 천주교에 대한 박해 사건인 신해박해(辛亥迫害, 1791)가 일어나기 훨씬 전으로, 조선 사대부의 서가에는 이마두(마테오 리치)의 『천주실의』가 한 권 정도 꽂혀 있었던 시기였다.

병자년 8월 안백순에게 보내는 편지에서 소남이 괴이하게 생각한 것은 바로 천주가 모습을 드러내어 말한다는 것이다. 즉 천주가 예수의 육신으로 육화되어 설법한다는 것이 괴이하다는 것이다. 그렇지만 천주학은 그 요점이 고요함에 있기 때문에 윤리를 멸절하는 것이 아니며, 사물에 대한 과학적 연구에 힘쓰기 때문에 쓸모없는 학문이라고 할 수 없다고 소남은 말한다.

천주는 중국 독서(讀書)에서 말하는 상제와 같아서 신령을 주재하는데, 그는 모습을 드러내어 말한다. 이것이 매우 괴이하다. 그런데 천주는 일념(一念)으로 선(善)을 향한다면, 우리가 말하는 대월상제(對越上帝)와 말뜻이 서로 부처와 같은 즉, 천지만물을 형태

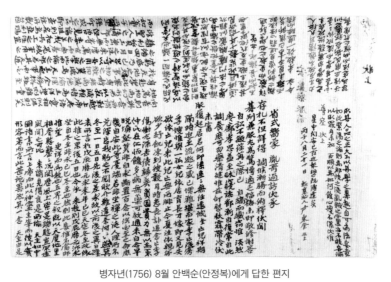

병자년(1756) 8월 안백순(안정복)에게 답한 편지

를 변하게 하고, 적멸돈오(寂滅頓悟)을 주로 한다. 서양학은 비록 아동의 몸으로 학문에 나아갔지만, 이 요점은 오직 고요함이니, 윤리를 끊어 없애려는 것이 아니다. 전적으로 광대한 천지와 미세한 사물에 이르러 격물치지함에 힘쓰는 것이니, 천주의 일삼음이 반드시 밑바닥까지 궁구하지 않음이 없어, 아마 쓸모없는 학문이라 할 수가 없다.

그런데 안정복에게 답하는 병자년 12월의 편지에서는 이상한 점이 발견된다. 8월의 편지에서도 다른 곳과 달리「 」등으로 지워진 부분이 있었지만, 12월의 편지에서는 일부의 글씨가 아예 먹으로 지워져 있는 것이다. 편지의 첫머리는 "論敎西洋人學術, 大旣□□"로 시작되는데, 도대체 두 글자를 먹으로 지운 이유는 무엇일까? 성균관대학교 대동문화연구원에서 펴낸 『소남유고(邵南遺稿)』에서는 이를 '正當'으로 표기하고 있다. 즉 "서양인의 학술에 대해 논하여 알리자면, 대개 정당하다."고 평가하고 있는데, 아마 후세에 천주교에 대한 박해가 있을 때, 이러한 평가가 두려워 먹물로 지운 것 같다.

이와 같은 일이 한 번에 그치는 것이 아니라, 동일한 편지 안에서 두 번이나 계속하여 일어나고 있다. "□□□懸殊, 恐亦不可□□□語". 이러한 문장을 보면, 마치 암호를 해독하는 기분이다. 성균관대학교 대동문화연구원에서 펴낸 『소남유고』에 의하면, "邪正懸殊, 恐亦不可同日而語"이라고 표기하고 있으나 전적으로 믿을

병자년 12월 안백순에게 답한 편지

수 없는 노릇이어서, 향후 과학 기술의 도움을 받아 확인할 필요
가 있다.

병자년 12월의 편지에서도 소남은 사람의 본성에 관한 논의와

천당과 지옥에 관한 설, 그리고 신이 예수의 육신으로 탄생했다는 설에 대해서는 의문의 눈길을 보내고 있지만, 천문학의 정교함과 사물의 이치를 상세하게 연구하는 태도만큼을 결코 버릴 수 있는 것이 아니어서, 어찌해야 할지 모르겠다는 애매한 태도를 취하고 있다.

> "만약에 그 오기(五紀:一曰歲, 二曰月, 三曰日, 四曰星辰, 五曰歷數) 의 정묘함과 사물의 상세함에 버릴 수 없는 것이 있다면, 역시 가르 침이 황망하고 잘못되었더라도 버릴 수 없으니, 어찌해야 할지 모 르겠다."

소남 당시에는 서양의 학술과 천주학에 대한 구분이 뚜렷하지 않았다. 천주교 신부들이 중국에 들어와 포교할 때, 한편으로는 서구의 과학 문물을 소개하기도 하였고, 다른 한편으로는 천주학 에 대해 포교하기도 하였기 때문이다. 그럼에도 불구하고 서양인 의 학술은 대체로 정당하다는 평가와 서양학은 윤리를 끊어 없애 려는 것이 아니라는 소남의 평가는 천주학의 전래 역사에서 새롭 게 조명을 받아야 할 것이리라. 【송성섭】

소남의 음악 논설
-음양 소리를 합하는 원리를 설파하다

　　동양은 예로부터 서양보다 음악을 중시해 왔다. 갑골문을 통하여 그 실체가 드러난 바 있는 은상왕조(殷商王朝, 기원전 1600~1046)는 천명(天命)에 의해 통치하던 국가였다. 은상왕조는 천명의 소재를 묻기 위해 점을 치지 않은 때가 없었으며, 그때마다 하늘에 음악을 사용하여 바쳤는데, 그 흔적이 『주역』에 남아 있다. 이른바 예괘(豫卦, ䷏)가 바로 그것으로, "우레가 땅으로부터 나와서 떨친 것이 예괘이다. 선왕 그것을 보고 악을 지어 덕을 숭상하였다. 은나라는 그것을 상제에게 올려, 조고에게 배향하였다.[雷出地奮, 豫. 先王以作樂崇德, 殷薦之上帝, 以配祖考]"는 것이다. 또한 『효경(孝經)』에서도 "풍속을 바꾸는데 음악만한 것이 없다.[移風易俗, 莫善於樂]"라고 하여, 음악이 사람에게 끼치는 영향이 학문보다 지대하다는 것을 일찍이 간파한 바 있다.

　　서양이나 동양을 막론하고 한 옥타브 사이에는 음이 모두 12개가 있다. 달리 말하면 음을 정하는 원리가 동일하다. 이를 음정(音程)이라 하고, 영어로는 'interval'이라 한다. 즉 간격이라는 뜻이다. 모든 음과 음의 간격이 동일해야 한다는 원리에 따라 12개의 음이 만들어진다. 그렇다면 도(Do) 다음에 만들어지는 음은 무엇일까? 대부분의 사람들이 레(Re)라고 답하는데, 사실은 솔(Sol)이 두 번째로 만들어진다. 즉 도(Do)와 솔(Sol)의 간격에 의해 음을 만들면 모든 음의 간격이 동일해진다는 것이다. 그렇다면 솔(Sol) 다음에 만들어지는 음은 당연히 레(Re)이고, 레(Re) 다음은 라(Ra)이다. 도(Do)↔솔(Sol)↔레(Re)↔라(Ra)↔미(Mi)↔시(Si)의 순으로 음이 만들어지면, 12개 음의 간격이 동일해진다.

동양에서는 이를 격팔상생응기도설(隔八相生應氣圖說)로 설명하였다. 즉 황종을 중심으로 시계 방향으로 여덟 칸을 움직이면서 음이 만들어진다는 것이다. 황종(黃鍾)·도(Do)↔임종(林鍾)·솔(Sol)↔태주(太簇)·레(Re)↔남려(南呂)·라(Ra)↔고선(姑洗)·미(Mi)↔응종(應鍾)·시(Si)의 순으로 12개의 음이 만들어지는데, 이를 달리 삼분손익(三分損益)이라고도 한다. 즉 황종의 9촌(寸)을 삼분(三分)하여 그 하나를 덜어내면 6촌(寸)의 임종이 되고, 6촌의 임종을 삼분하여 그 하나를 더하면 8촌(寸)의 태주가 된다는 것이다. 이런 식으로 삼분손익하여 12개의 음이 만들어지게 되는데, 수(數) 중에서 1·2·3·4만을 사용할 경우, 1:2는 옥타브 관계, 반음 관계를 의미하고, 삼분손익의 2/3와 4/3에 의하여 음이 만들어지는 원리는 동양과 서양이 모두 동일하다고 할 수 있다.

동양에서는 서양과 달리 12개의 음이 양(陽)과 음(陰)으로 나누어진다고 생각했다. 이를 육률(六律)과 육려(六呂), 혹은 간단히 율려(律呂)라고 한다. 육률은 황종(黃鍾), 태주(太簇), 고선(姑洗), 유빈(蕤賓), 이칙(夷則), 무역(無射)을 가리키며, 육려는 대려(大呂), 협종(夾鍾), 중려(仲呂), 임종(林鍾), 남려(南呂), 응종(應鍾)을 가리킨다. 음양으로 말하면, 황종-대려, 태주-협종, 고선-중려, 유빈-임종, 이칙-남려, 무역-응종으로 짝지을 수 있다.

서양과 달리 12율려는 각기 그 뜻을 지니고 있다. 황종(黃鍾)은 원시(原始)라는 뜻이고, 대려(大呂)는 황종을 도와 기(氣)를 펴고 만물을 싹틔운다는 뜻이다. 태주(太簇)는 양기가 땅에 크게 모인다는 뜻이고, 협종(夾鍾)은 중춘(仲春)이 되어 좌우에서 끼고 있다는 뜻이다. 고선(姑洗)은 양기가 만물을 씻어 깨끗하게 한다는 뜻이고, 중려(仲呂)는 양(陽)이 끝나고 음(陰)이 싹트면 만물이 나그네가 되어 서쪽으로 간다는 의미이다. 유빈은 양이 비로소 음기를 인도하여 음기로 하여금 만물을 계속 기르게 한다는 뜻이고, 임종(林鍾)은 많이 모인다는 뜻이다. 이칙(夷則)은 백성이 편안한 때 만물이 꽃피어 열매 맺지 않음이 없으니, 각각 지켜야 할 준칙이 있다는 뜻이고, 남려(南呂)는 해가 남쪽에서 거슬러 올라가는 때이므로 남(南)이라 하고, 양률에 짝이 되므로 여(呂)라고 한 것이다. 무역(無射)은 양이 바야흐로 일을 주관하려 하니, 싫어하는 이가 없다는 뜻이고, 응종(應鍾)은 양(陽)의 선창에 화답한다는 뜻이다.

소남(邵南)이 남긴 음악에 관한 세 편의 논설, 즉 '종률합변의(鍾律合變疑)', '종률변(鍾律辨)', '선궁구변동이변(旋宮九變同異辨)'에 대해 설명하려다 보니, 이렇게 사설이 길어졌다. 동양의 악론(樂論)에 대해 아직도 설명해야 할 것이 많이 남아 있으나, 이쯤에서 줄이고자 한다.

소남이 남긴 세 편의 음악 논설은 주자(朱子)의 『의례경전통해(儀禮經傳通解)』만을 읽고, 그 의문을 기록한 것이다. 소남의 음악 논설은 그 때문에 한계 또한 분명하지만, 동양의 악론(樂論) 중에서 가장 난해한 문제에 대해 자신의 논설을 펼쳤다는 점에서 그 의의를 찾을 수 있다.

동양의 악론(樂論)은 천신에 사(祀)하거나, 지신에 제(祭)하거나, 인귀에 향(享)할 때, 각기 그 음악의 선법을 달리하고, 각기 연주하는 횟수를 달리하며, 연주하는 악기를 달리하는 특징이 있다. 그런데 이에 관하여 조선 태종 때 허조(許稠)의 견해와 세종 때 박연(朴堧)의 견해에 차이가 있었다. 지금도 『세종실록』의 부록에 실려 있는 오례(五禮)의 길례 서례(吉禮序例)에는 허조의 견해가 기록되어 있지만, 박연에 의해 비판되어진 견해이다.

허조는 천신에 제사할 때 음악을 8변(變) 연주하고, 연주하는 북의 면수, 즉 뇌고(雷鼓)나 뇌도(雷鼗)의 면수가 8면이어야 하며, 또한 지신에게 제사할 때 음악을 6변 연주하고, 이때 사용하는 북의 면수, 즉 영고(靈鼓)나 영도(靈鼗)는 6면이어야 한다고 주장하였다. 그러나 박연은 허조의 견해에 대해 천신과 지신에게 제사하는 북의 면수가 바뀌었다고 비판한다. 즉 천신에게 제사할 때의 북의 면수는 6면이어야 하고, 지신에게 제사할 때는 8면의 북을 사용해야 한다는 것이다.

천신(天神)에게 제사할 적에는 묘궁(卯宮) 환종(圜鍾)의 음률을 사용하여 음악은 여섯 번 변하는 것을 사용하고, 북은 여섯 면(面) 되는 것을 사용하는 것은 선천(先天)의 수(數)에 묘(卯)가 그 육(六)을 얻은 때문이며, 지기(地祇)에게 제사할 적에는 미궁(未宮) 함종(函鍾)의 음률을 사용하여, 음악은 여덟 번 변하는 것을 사용하고, 북은 여덟 면되는 것을 사용하는 것은 선천의 수에 미(未)가 그 여덟을 얻은 때문이라고 하였으니, 진양(陳暘)의 이 설(說)은 근거가 있는 듯합니다. 이제 봉상시(奉常寺)의 서례도(序例圖)는 진씨(陳氏)의 말은 상고하지 않고 다만 정강성(鄭康成)의 말에만 의거하여 도(圖)를 만들었기 때문에, 이 두 북이 바뀌어졌사오니 진씨의 말에 의거하여 이를 고치게 하시기 바라옵니다.

-『세종실록』47권, 세종 12년 2월 19일 경인 5번째 기사

이렇듯 논쟁이 분분한 내용에 대해서 소남(邵南)은 천신에게는 7변(變), 지신에게는 8변, 인귀에게는 9변 연주해야 한다는 견해를 제출하였다. 왜냐하면 『주례(周禮)』에서 천신과 지신 그리고 인귀에게 제사하는 경우를 설명할 때, 바로 앞 항목에서 1변에서 6변을 이미 설명하였기 때문에, 그다음의 천신, 지신, 인귀에 대한 항목은 차례를 따라 7변, 8변, 9변이어야 한다는 것이다.

동양의 악론(樂論) 중 천신, 지신, 인귀에게 제사할 때, 궁(宮)·상(商)·각(角)·치(徵)·우(羽)의 다섯 조(調)에서 유독 상조(商調)만을 사용하지 않는 것에 관하여 논쟁이 분분하였다. 소남(邵南)도 이에

대해 견해를 제출하였는데, 이른바 『한서(漢書)』에서 말한 바 있는 삼통(三通)과 연관 지어 음양 소리를 합하는 원리를 언급하고 있는 점이 특이하다.

천신, 지신, 인귀에게 제사할 때, 유독 상조만이 쓰이지 않는 이유는 지금까지도 해결되지 않은 난제이다. 그러므로 삼통과 연관 지어 음양 소리를 합하는 원리를 언급하고 있는 소남의 견해만을 살펴보자.

황종은 천통(天統)으로써 대려(陰)로 함께하는데, 이것이 궁성(宮聲)의 합이고, 임종은 지통(地統)인데 양(陽)인 유빈으로 합하여 치성(徵聲)의 합이 되며, 태주는 인통(人統)으로서 음(陰)인 응종이 함께하여, 상성(商聲)의 주인이 된다. 그리고 고선은 각(角)이 되어 남려(陰)인 음으로써 함께하여, 각기 하나의 음(音)을 점유하게 된다. 그러나 이칙과 무역은 음(陰)으로써 양(陽)에 들어맞아야 한다. 그러므로 그 소리로 얻지 못한다. 협종과 중려도 양(陽)으로써 음(陰)에 들어맞아야 한다. 그러므로 역시 그 소리를 얻지 못한다. 지금 조율하고자 한다면, 궁(宮)과 치(徵)는 천지음양의 근본이 되고, 각(角)과 우(羽)는 백성과 사물의 합이 되지만, 상성만은 합하는 것이 없는데, 인통은 천지만물의 주인이기 때문이다. 상(商)은 금(金)에 속하고, 소리는 금속에서 나오며, 사람은 성음의 주인이기 때문에, 소리는 곧 상(商)이다. 네 가지 소리 사이에 두루 흐르게 되는데, 이것이 바로 쓰이지 않는 쓰임[不用之用]이다.

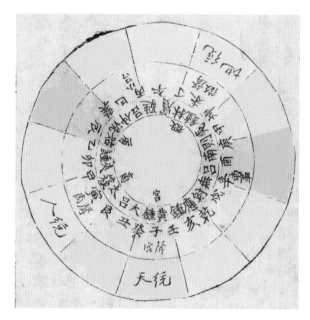

소남의 음악 이론

소남(邵南)은 우(羽)에 대하여 전혀 언급하지 않았기에 어떠한 소리가 우(羽)가 되는 지 알 수가 없다. 또한 음(陰)으로써 양(陽)에 들어맞아야 하는 이칙과 무역 그리고 양(陽)으로써 음(陰)에 들어 맞아야 하는 협종과 중려에 대해서 이러한 음들이 합하는 원리에 대해서도 아무런 설명이 없다는 점이 지적되어야 할 것이다.

동양에서 음양의 소리를 합할 때, 『주례』에서 말한 바 있듯이 황종으로 연주하고 대려로 노래하고, 태주로 연주하고 응종으로 노래하며, 고선으로 연주하고 남려로 노래한다. 유빈으로 연주하고 함종(임종)으로 노래하고, 이칙으로 연주하고 소려(중려)로 노래

하며, 무역으로 연주하고 협종으로 노래한다. 이렇게 합하는 원리
는 무엇일까? 우주의 운행에서 그 근거를 찾아야 하는데, 북두칠
성의 운행과 해와 달이 만나는 움직임에서 그 원리를 찾아야 한다
는 것이다. 박연의 설명을 들어보자.

　　대개 두병(斗柄)이 십이신(十二辰)을 운행하되 왼쪽으로 돌게 되
　　는데, 성인이 이를 본떠서 육률을 만들고, 일월은 십이차(十二次)
　　로 모이되 오른쪽으로 돌게 되는데, 성인이 이를 본떠서 육동(六同)
　　을 만든 것입니다. 육률은 양(陽)이니, 왼쪽으로 돌아서 음에 합치
　　고, 육동은 음(陰)이니, 오른쪽으로 돌아서 양에 합치게 됩니다.

　　　　　　　　　　　-『세종실록』 32권, 세종 8년 4월 25일 무자 첫 번째 기사

　　우주의 운행에서 북두칠성의 운행과 일월의 운행은 상호 연관
되어 움직이는데, 북두칠성이 자(子)의 위치에 있으면, 해와 달은
축(丑)에서 만나고, 북두칠성이 인(寅)의 위치에 있으면, 해와 달은
해(亥)에서 만나는데, 이렇듯 묘(卯)-술(戌), 진(辰)-유(酉), 사(巳)-
신(申), 오(午)-미(未)의 운행에 의거하여 이에 해당하는 소리를 합
한다는 것이니, 이것이 바로 「악기(樂記)」에서 말한 바 있는 "음악
은 하늘의 원리에 따라 지어진다.[樂由天作]"는 것이리라. 【송성섭】

소남의 시헌력,
오랜 잠에서 깨어나다

　올해도 이제 며칠 남지 않았다. 이때가 되면 사람들이 찾는 것이 있는데, 바로 달력이다. 이제 올해의 달력 옆에 내년의 달력을 같이 걸어야 할 때가 된 것이다. 이러한 정황은 소남에게도 마찬가지였을 것이다. 아니 오히려 소남에게 있어서 달력은 일상적인 의미를 넘어서, 특별한 의미를 지니고 있었을 지도 모른다.

　그 당시 술가들이 길흉을 점칠 때 사용하던 책력은 대통력(大統曆)이었다. 대통력은 명나라에서 사용하던 역법으로서 원나라의 수시력(授時曆)을 토대로 만들어진 역법이다. 성호 이익의 『성호사설』에 의하면, 대통력은 1년을 평범하게 24절기로 나누어 날짜를 추산하기 때문에, 그것이 오래되어 달과 날이 맞지 않게 되면 어떻게 할 도리가 없었던 한계를 지니고 있었다. 그리하여 순치(順治) 연간에 와서는 탕약망(Adam Shall)이 그것을 고치지 않을 수 없었으며, 서양 학술의 14개 항목을 얻고 나서야 비로소 착오가 없게 되었는데, 그것이 바로 시헌력(時憲曆)이다. 시헌력에서는 "해와 달이 교차하는 것이나 일식과 월식이 하나의 착오도 없으니 성인이 다시 태어나도 반드시 이것을 따를 것이다."라고 성호는 평가하였다.

소남의 종가에는 지금까지 몇 권의 시헌력이 전해지고 있다. 달력의 시효는 당해 년도에 국한된다. 해가 지난 묵은 달력은 불쏘시개가 되기 십상인데, 지금까지 목숨을 이어온 것은 특별한 사유가 있기 때문이니, 허투루 보아 넘길 일이 아니다.

소남의 종가에서 보관하고 있는 시헌력 중에서 맨 처음의 것은 대청건륭 14년, 즉 1749년 세차 기사(己巳) 시헌서이다. 그런데 이 시헌서에는 뜻밖에도 소남의 글이 빼곡하게 담겨 있다. 소남에게는 종이가 매우 귀했기 때문에, 달력과 달력 사이를 도려내고, 그 이면에다 자신에게 필요한 글들을 채워 넣었다. 소남에게 시헌서는 일종의 필기 노트였던 셈이다.

1749년의 시헌서는 처음부터 끝까지 중국 의성(宜城) 출신 매문정(梅文鼎, 1633~1721)이 쓴 『역학의문(曆學疑問)』으로 가득 차 있

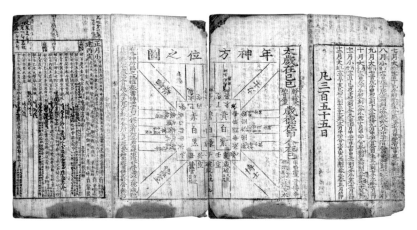

소남의 시헌력

다. 매문정의 자(字)는 정구(定九)이고, 호는 물암(勿庵)이다. 청나라 초기의 천문학자이자, 수학가, 역산학가로서 "역산제일명가"로 불렸다. 성호도 사설의 「삼원갑자(三元甲子)」에서 "이제 매문정의 역학의문을 보니, 그 학설이 같지 않은 곳이 있다. 다시 상세히 고찰하려 한다."고 언급한 것으로 보아, 소남이 성호로부터 서적을 빌려 베껴 쓴 것으로 보인다. 소남 또한 매문정에 대해 언급한 바 있는데, 정축년인 1757년 정월, 안백순, 즉 안정복에게 답한 편지에서 매물암의 천문학에 대해 언급하고 있다.

소남은 성호의 뒤를 이어 천문학에 대해 정통하였다. 그는 방성도(方星圖)에 대한 글을 남기기도 하였으며, 1771년 이제임(李齊任)에게 답한 편지에서는 세차(歲次)에 대해 언급하고 있다.

세차가 70년에 1도의 차이가 난다는 설은 매년 28수가 서쪽으로부터 이동하여 차이가 조금밖에 나지 않기 때문에 그러할 뿐입니다. 그런데 새해의 차이가 있는데, 하늘이 점점 차이 나서 동쪽으로 간다면 옳지만, 서쪽이라고 한다면 편안하지 않을 것입니다. 새해가 점점 차이 난다면, 아마 그렇지는 않습니다. 대개 새해는 즉 매년의 동지는 옛날부터 지금에 이르기까지 그 분야를 벗어나지 않습니다. 제요(帝堯)의 때 동지에 해는 28수 중에서 허수(虛宿)에 있었는데, 지금은 기수(箕宿)에 있다는 것을 알 수 있을 뿐입니다.

소남 종가에 보존되어 있는 두 번째 시헌력은 1756년 세차 병자

(丙子)의 시헌서이다. 소남은 여기에서도 물론 시헌서의 이면에다 자신에게 필요한 서적을 필사하고 있는데, 그 내용은 놀랍게도 후한서의 동이열전, 전한서, 김부식의 삼국사기, 정인지가 편찬한 고려사 등의 역사서를 베껴 썼을 뿐만 아니라, 뜻밖에도 『성경통지(盛京通志)』도 베껴 넣었다. 『성경통지』는 청 왕조에서 편찬한 성경(盛京), 즉 지금의 심양에 해당하는 만주 지역에 관한 지리지이다. 이 서적이 편찬된 이후 군사적인 이유로 외부에 반출되는 것이 제한되었으나, 조선은 17세기 말에 『성경통지』를 확보함으로써 비로소 당시 만주 지역의 지리 정보를 구체적으로 파악할 수 있게 되었다. 성호도 사설에서 『성경통지』를 언급하고 있는데, 「천지문」에서는 이를 인용하여 패수(浿水), 곧 압록강은 취수(溴水)인 대동강인 것 같고, 살수(薩水)는 청천강이고, 열수(洌水)는 대동강인 것 같고, 대수(帶水)는 한강인 듯싶다고 하면서, 고구려의 비류가 남으로 도망하여 패수와 대수를 건너 미추홀에 이르러 살았는데, 미추홀은 지금의 인천이라고 언급하고 있다. 소남도 자수, 열수, 패수, 대수에 대한 변론에 의문을 제기한 글[訾列浿帶四水辨疑]을 남겼는데, 『소남문집』 잡저(雜著)에 실려 있다.

소남 종가에서 보관하고 있었던 서적 중 『서경(書經)』 속에는 20여 매가 되는 지도가 끼어 있다. 여기에 장백산도를 비롯하여 왜국지도, 봉천장군 소속형세도 등이 수록되어 있는데, 아마 『성경통지』에서 베낀 것이 여기에 들어가 있는 것이리라. 왜냐하면 『성경통지』 1권에 이러한 지도가 다수 수록되어 있으며, 소남은 이미

1756년의 시헌서에서 이를 필사한 바 있기 때문이다. 소남 또한 문인들과 주고받은 편지에서 『성경통지』를 언급한 바 있는데, 안백순에게 보낸 기묘년(1759) 2월, 3월의 편지, 병자년(1756)의 편지에서 『성경통지』를 인용하여 우리의 강역에 대해 언급하고 있다.

1767년의 시헌서에는 소남 사후에 편찬된 『소남문집』 경설(經說)에 수록된 '주례치전야공부고의(周禮治田野貢賦考疑)', '독주례고의(讀周禮考疑)', '복서삼점의(卜筮三占疑)' 등의 초고가 실려 있으며, 예설(禮說)에 수록된 '위처연불연가부의(爲妻練不練可否議)', '독의례상복주소기의(讀儀禮喪服註疏記疑)' 등의 초고가 실려 있다. 그리고 여기에 성호 선생 행장의 초고에 해당하는, 상당히 긴 글이 수록되어 있는데, 이 점을 특히 주목할 필요가 있다. 이 글은 "先生姓李氏, 諱瀷, 字新. 居廣州之瞻星. 故自號星湖"로 시작하는데, 이 부분은 나중에 발간된 『성호전집』과 큰 차이는 없다. 그러나 글자 수에 있어서는 초고 행장과 전집 행장은 뚜렷한 차이를 보이고 있고, 내용에 있어서도 차이를 드러내고 있다. 이러한 차이는 경협 이병휴와 소남과의 의견 차이에서 비롯된다고 할 수 있다. 성호 사후에 소남과 경협은 공정한 칠정에 대해 상당한 논쟁을 벌인 바 있는데, 이에 대해 소남이 신묘(1771) 11월 이제임에게 보낸 편지에서 "비로소 경협이 병을 얻은 근원이 여기에 있다는 것을 알았습니다.[知景恊受病之源在此也]"라고 말하기도 하였고, 신묘년의 또 다른 편지에서는 행장의 초고와 관련된 경협과의 논의를 중지하고, 모든 글들은 잠시 보류하여 보내지 않았으며, 모든 글들에 대해 안

글을 지운 흔적이 역력한 소남의 성호행장 초고

백순과 다시 논의할 예정이기에, 그것을 그대로 놓아둘 뿐이라고 말하였는데, 이것이 뜻하는 바가 매우 중요하다는 생각이다.

36년 세차 신묘(1771) 시헌서와 대청건륭 37년 세차 임진(1772) 시헌서에도 향후 『소남문집』에 수록될 경설과 예설 그리고 잡저에 실릴 초고들로 가득 차 있다. 이로부터 보면, 소남의 시헌력은 비단 달력일 뿐만 아니라, 더 나아가 자신의 학문적 견해를 밝힌 초고의 수장고라는 의미도 지니고 있다. 소남은 생전에 시헌서에다 자신의 견해를 밝혔는데, 나머지 시헌서에는 어떤 내용이 담겨있을지 자못 기대된다. 【송성섭】

제3부

소남 공동체의 지리적, 사상적 고찰

'소남 공동체'를 찾아서

잊혀진 인천의 실학자 소남 윤동규 선생의 행적을 밝혀서 인천 사상 내지 인천 정신의 근원을 해명하고자 하는 원대한 계획에 부족한 필자도 참여하게 되었다. 소남 윤동규를 포함한 조선 후기 실학자 연구에 많은 업적을 내신 허경진, 송성섭 두 분 전문가의 원고에서 소남 선생의 가계, 학통, 유물과 사상의 경향 등에 관한 포괄적 소개가 이루어지고 있다. 필자의 관심사는 조선 후기 서학(西學) 수용과 천주교 도입의 과정 및 근대화 시기 전통 유학의 변용

『여지도서(輿地圖書)』의 경기도 '인천도호부(仁川都護府)' 편.
읍지와 고지도를 통해 본 소남 마을

과 이에 조응하는 지역 공동체의 성장을 인천 지역, 특히 소남 선생의 거주지에 초점을 맞추고 고찰하는 데 있다. 이러한 관심사를 해명하기 위해 우선 소남 윤동규 선생이 활동했던 조선 후기 소남 마을에 대한 인문지리적 관점에서의 기초 조사를 간략하게 진행해 본다.

'소남'이라는 지명의 유래

현재의 서울 마포구 도화동 부근에서 출생한 소남 윤동규 선생(1695~1773)이 1710년대 초반 인천으로 이거하여 그의 후손들이 13대에 걸쳐 약 300년을 세거해 온 현재의 인천시 남동구 도림동 일대의 마을은 소남 선생이 거주하며 활동하던 터전이라는 점에서 '소남 마을'로 부를 수 있을 것이다. '소남(邵南)'이라는 호는 인천의 옛 지명 중의 하나인 '소성(邵城)'이라는 고을에 속한 '남촌(南村, 道南村)'이라는 마을을 뜻하는데, 선생이 이곳으로 이주 와서 스스로를 규정하여 '소남촌인(邵南村人)'이라고 한 데서 비롯되었다.

읍지와 고지도를 통해 본 소남 마을

'남촌'이라는 마을 이름은 당연히 소남 선생이 거주하던 18세기 초반부터 있었을 것이다. 그러나 소남 선생이 활동하던 18세기 중반에 편찬된 현존하는 읍지(邑誌)인 『여지도서(輿地圖書)』에는 이

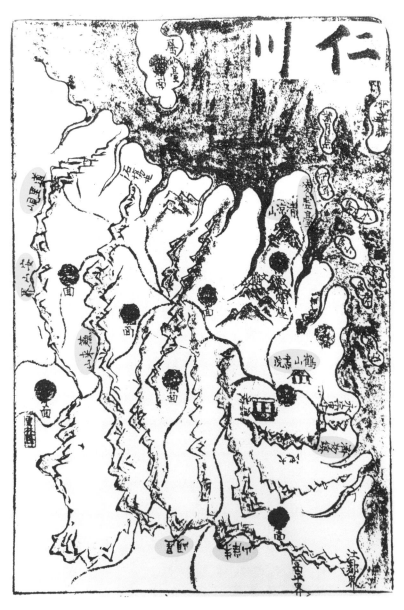

『경기지(京畿誌)』(1842~1843)의 '인천도호부(仁川都護府)' 지도.
위 지도에서 위쪽이 남쪽이다.

러한 마을 이름이 나오지 않는다. 1757년(영조 33)부터 1765년(영조 41) 사이에 편찬된 『여지도서』의 경기도 '인천도호부(仁川都護府)' 편에는 「방리(坊里)」 조가 있고 여기에는 '면(面)' 단위로 지명들이 소개되어 있다. 그중에 '남촌면(南村面)'이 부내면(府內面), 조동면(鳥東面), 신현면(新峴面), 전우면(田友面), 황등천면(黃等川面), 먼우금면 [遠又介面], 다소면(多所面), 주안면(朱岸面), 이포면(梨浦面) 등과 함께 인천도호부에 속한 10개 면 중에 하나로 소속되어 있고 위치는 도호부 관아의 남쪽 10리로 되어 있다.

1759년(기묘년)의 호구조사에 의하면 남촌면은 316호(戶)에 성인 남자 683명, 성인 여자 679명으로 구성되어 있으며, 관아의 남쪽 10리에 위치하고 있다. 소남 선생이 살던 남촌 마을도 이 남촌면에 속한다. 한편 이보다 약 32년 후인 1791년에 편찬된 『호구총수(戶口總數)』에는 인천도호부에 남촌면을 비롯한 15개 면과 덕적진(德積鎭)이 편재된 것으로 나타난다. 이때는 소남 선생이 별세하고 그 차남인 윤광연(尹光淵)과 손자인 윤상(尹恦)이 이곳에 살던 때이다. 이때 이미 고을 내 행정구역(면, 진) 숫자가 소남 때에 비해 160% 증가된 것을 알 수 있다. 그리고 이때부터 각 면에 속한 동네 이름 들이 나타나기 시작하는데, 남촌면의 경우 1리, 2리, 3리, 4리로 기재되어 있는데, 이 중에 1리와 2리가 남촌 마을에 해당된다. 당시 원호(元戶)는 359로 1759년에 비해 약 114% 정도 늘었으며, 인구는 1,418명(성인 남 630명, 여 788명)으로 약 104% 정도 증가된 것을 알 수 있다. 소남 마을이 동네 이름으로 읍지에 등장하는 것은

19세기 이후이다. 1842년부터 1843년 사이에 편찬된 『경기지(京畿誌)』에 의하면 「인천부읍지」 내에 '남촌면'이 부내면 등 다른 9개의 면과 함께 등장한다. 이때 남촌면에는 염촌(塩村), 냉정리(冷井里), 능동(陵洞), 논현리(論峴里), 도림리(桃林里), 오봉산(五峰山)(리), 고잔리(古棧里), 사리동(沙里洞), 여무실리(女舞室里), 발리동(發李洞), 경신리(慶新里) 등 11개의 동네가 편재되어 있다. 이 중에서 '도림리'가 바로 소남의 후손들이 살고 있던 '남촌'인데, 아마도 이 무렵부터 '도남촌'으로도 불린 것으로 보인다. 이러한 동네 이름은 개항 직전인 1871년에 편찬된 『경기읍지(京畿邑誌)』의 「인천도호부」조에서도 변함이 없으며, 오늘날의 인천광역시 남동구 도림동으로 연결된다.

매매문기를 통해 본 소남가의 경제규모와 자치규약

소남 윤동규는 인천에 이사 온 지 약 27년쯤 경과된 1737년 2월 17일 자로 당시 인천 남촌(南村)의 도리산(道里山) 아래에 있던 최인성(崔仁性) 소유의 토지를 모두 71냥에 사들였다. 물론 이전에도 소남 일가가 경작해 오던 전답이 이곳과 타지역 등 여러 곳에 상당수 있었으나 이때 다시 매입한 토지는 남촌 마을에서 소남 선생이 거주하면서 매입한 토지라는 점에서 재산 증식의 한 과정으로 주목된다. 이로부터 5년 후인 1742년 소남은 남촌에서 동계(洞契)를 설치하는데, 이미 70여 년 전인 1670년대에 그의 증조부의 종형

제 되는 윤명신(尹鳴莘)이 처가 쪽인 청주 한씨와 함께 설치한 동계
를 쇄신한 것이다. 소남이 재설립한 동계는 '만신동계(晚新洞契)'인
데 최초 설립 당시에는 그 취지가 살아 있었으나 소남 당시에는 이
미 사라져 버린 '효제(孝悌)', '임휼(任恤)'의 목적을 되살려서 '상호
부조(相互扶助)의 실익(實益)'을 도모하자는 것이었다. 동시에 이 규
약은 향촌의 자치를 위해서 『주례(周禮)』에 나오는 '향팔형'(鄕八刑)

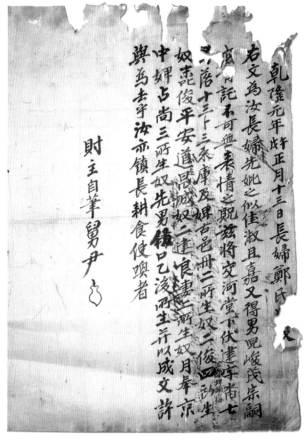

고문서(건륭원년
정월 13일 '許與
文記')[1]

이라는 향촌 자치의 규율 중에서 '불효(不孝)', '부제(不悌)', '불임(不任)', '불휼(不恤)' 등의 자체 형벌 규정을 실시하려고 했다. 따라서 소남 선생이 1742년 재설립한 '만신동계'는 인천 남촌의 사족(士族)이 중심이 되는 경제공동체 내지 살림공동체, 또는 법률공동체를 조직하고자 한 것이었음을 알 수 있다.[2]

며느리와 손자에게 분급한 논, 밭, 노비

그런데 위에서 인용한 1737년 토지매매 문기에는 논[畓]은 하나도 안 보이고 '성(聲)'자, '영(靈)'자, '당(堂)'자 등의 이름을 가진 밭[田]만 여러 곳 나온다. 다만 이보다 1년 후인 1738년(무오년, 건륭3)에 장손 신(愼)이 출생하자 이를 기념하여 며느리 정 씨 앞으로 특별 분급한 토지 중에 당시 그가 소유했던 논과 노비가 나온다. '교하당(交河堂)' 아래에 있는 '건(建)'자 답(畓) 7(?)두락(斗落) 13복(卜) 3속(束) 곳과 비(婢) '곱단이[古邑丹]'의 둘째 아이인 노(奴) 이준(二俊)이와 넷째 아이인 노 말준[末叱俊]이, 평안도 창성(昌城)의 노 이건(二建)이와 결혼한 양처(良妻) 소생의 노 월봉(月奉)이, 서울 사는 비 점상(占尙)이의 셋째 아이 노 선남(先男)이 등 4구를 모두 향후 그 소생들에 대한 소유권과 함께 수여한다고 되어 있다. 소남

1 허경진, 『소남 윤동규』(보고사, 2020), 67쪽.

2 허경진, 앞의 책(2020) 참고 및 재정리.

이 며느리 정 씨를 통해 장손[윤신] 앞으로 떼어준 이들 논(7마지기)과 노비(4구)는 토지와 노동력으로 구성되는 개별 호구에서 생존을 위해 필요한 기본재산이었을 것이다.

향후 소남 종가에서 좀 더 많은 다양한 종류의 고문서들이 발견되어서 18세기 중반 소남 가문이 보유한 남촌 공동체의 경제 규모와 의식주 생활의 구체적인 수준 및 빈민구휼(貧民救恤)을 비롯한 상부상조의 실상에 대해서도 구체적으로 파악될 수 있기를 고대해 본다.[3]

성호 이익의 실학사상과 소남에게 끼친 영향

1742년 소남은 70여 년 지속된 동계를 재설립 또는 재조직하고 그 이름을 '만신동계(晚新洞契)'라고 붙였다. '만신동계'란 직역하면 "예전부터 내려오던 동계를 최근에 와서 새롭게 고친다."는 의미로 해석할 수 있을 것이다. 당시 소남은 사족이 모범을 보여 미풍양속을 주도하는 방법으로서 『주례』「향팔형(鄕八刑)」 가운데 불효(不孝), 부제(不悌), 불임(不任), 불휼(不恤) 등 네 가지를 실시하자고 하

---

3   원재연, 「18~19세기 소남 공동체의 성립과 변화 −소남 윤동규(1695~1773)의 생애를 중심으로−」, 인천대학교 인천학연구원과 인천시 남동문화원이 함께 주최한 학술대회 자료집 『인천의 실학자 소남 윤동규의 학문 세계』(2021.12.30) 참고 : 이에 의하면 소남이 임종을 1년 앞둔 1772년경 그의 집안에는 대략 24마지기 정도의 논과 30~40명의 노비를 보유하고 있었던 것으로 파악된다. 위 자료집 48쪽.

였다. 이 중에서 성호 이익과 관련하여 필자가 살펴볼 항목은 이웃의 어려움을 돌보지 않고 이기적인 욕심만 채우고자 하는 '불휼'에 대한 처벌 내지 대책과 관계된 것이다. 또 소남은 한 마을의 구성원만으로는 자체적으로 해결하기 힘들었던 세금, 부역, 상장(喪葬), 재난 등에 대한 해결책으로서 두 마을(=자연촌)을 합하여 경제 규모를 키워 대응하는 방법을 시험해 보기도 했다. 자신이 몸담고 있는 마을을 이상적인 향촌공동체로 만들어가려는 소남 윤동규의 이러한 시도는 세금, 부역, 상장, 재난 등의 문제에 대응하는 스승 이익의 가르침 내지 사고에서 일정한 영향을 받았을 가능성이 크다고 여겨진다.

서민의 질고를 외면하지 않는 연대와 포용의 공동체

성호 이익의 공동체관은 국가공동체부터 고을 및 마을공동체까지 대소의 규모를 망라하면서 민중의 질고를 경감하며 공동체의 유지 및 운영에 해악이 되는 빈부의 격심한 차이를 근본적으로 해소하고, 토호가 세금이나 부역을 탈루하거나 양민을 사적으로 예속하는 것을 방지함으로써 국가 재정을 충실히 하는 것이었다. 또한 백성 모두가 농업, 상업, 공업 등 자신의 직업에 충실하며 검소한 생활을 함으로써 자신과 가족의 생계를 튼실히 꾸려나가는 '살림공동체'를 지향하였다.

조선 후기는 토지 생산에 기반을 둔 농업사회로서 사회적 부의 근원은 토지였다. 따라서 대규모의 토지를 소유한 관리 및 토호들과, 소규모 토지를 소유하거나 남의 토지를 빌려서 경작하는 영세농민, 그리고 토지 소유는 고사하고 차경(借耕)할 토지도 없는 무토무전지민(無土無佃之民) 등으로 토지 소유가 분화하였다. 말 그대로 소수의 부자는 수백~수천 마지기를 가졌으나 다수의 가난한 사람들은 송곳 꽂을 땅조차 없어서 농촌사회에서 쫓겨나 전국을 유랑 걸식하거나 산속에 들어가 도적이 되어야 했다. 이익은 이러한 토지 소유의 심각한 불균형을 해소해야만 빈익빈 부익부의 극단적 경제적 차별과 이에 따른 지배층과 민중 사이의 위화감을 완화할 수 있다고 보았다.

영업전에 기반한 한전제 개혁안

이익은 주나라 때의 정전제도(井田制度)를 이상형으로 여기면서도 정전제도가 시작된 지 얼마 되지 않은 맹자(孟子)의 활동시대에 벌써 제(齊)나라, 등(滕)나라 등에서는 이미 정전의 형태조차 사라진 사실로 미루어 정전제도가 중국에서조차 보급과 정착에 성공하지 못하였다고 판단했다. 또한 이 정전법은 이미 고조선 때 기자(箕子)가 우리나라에 도입하였으나 조선왕조에 이르기도 전에 이미 사라져 버렸다고 보았다. 그리하여 이익은 반계(磻溪) 유형원(柳馨遠)이 주장한 사구법(四區法, 田자 모양으로 4등분하는 것)이 정전제도의 구구법(九區法, 9등분하는 법)보다는 좀 더 현실성이 있다고 보았지만, 그래도 여전히 서민에게 토지를 분배하기 위해서는 개인이 소유한 대규모 토지들을 국가가 몰수해야 하는데, 이는 '토지사유제(土地私有制)'라는 오랜 관습의 벽에 부딪혀 조금도 가능하지 않다는 현실 앞에서 역시 정전법과 마찬가지로 시행하기 어렵다고 보았다. 그래서 이익이 고안해 낸 토지개혁의 골자는 판매 금지된 최소한의 보유 토지인 '영업전(永業田, 대대로 농사짓는 땅)'에 기반하여 토지 소유의 하한(下限)을 설정함으로써 농민이 토지로부터 축출되는 것을 막고, 지주와 영세농 간의 토지소유의 불균형을 점차 완화해간다는 방안이었다.

이러한 이익의 균전론(均田論)은 송나라 임훈(林勳)이 『본정서(本政書)』에서 제시한 방법에서 힌트를 얻은 것으로 보인다. 임훈은 농부를 토지소유 규모에 따라 1인당 50묘(畝)를 기준[正數]으로 삼아 50묘 이상을 가진 '양농(良農)', 50묘 미만을 가진 '차농(次農)', 차농보다도 더 영세한 '예농(隸農)' 등으로 3분하였다. 양농은 '정전(正田)'인 50묘를 제외하고 남는 토지인 '연전(羨田)'을 팔 수만 있고 더 이상의 연전을 사들일 수 없게 하였으나, 차농과 예농은 양농이 가진 연전을 사들일 수 있게 하여 정전을 만들게 하자는 것이었다. 이렇게 하면 점차 토지소유가 고르게 된다는 이론이었다.

세금과 양역의 부담을 완화시켜 최소한의 살림공동체를 보장함

전지(田地)의 균분과 함께 성호가 서민들의 경제적 수입을 보장하는 방안은 세금과 부역의 균형을 도모하는 것이었다. 원래 토지 소유자인 지주(地主)는 생산자인 농민(소작인)에게서 수확의 1/2만 소작료(小作料)로 받아낼 뿐 국가에 내는 세금과 종자, 비료 등은 자신이 부담하기로 되어 있었으나, 점차 세금과 종자, 비료 등 일체의 잡비도 소작 농민이 부담하게 되었다. 따라서 소작 농민은 심지어 자신이 수확한 생산물의 30~40%만을 차지할 수 있었으므로 생계유지가 극히 곤란하게 되었다. 따라서 성호는 농민이 국가에 수확물의 1/10만 토지세로 내는 '십일조'를 이상적인 형태로 삼았다.

또한 '군역(軍役)'과 '요역(徭役)'을 포함하는 '양역(良役)'에서 양반과 노비가 빠짐으로써 평민(양인)들에게 과중하게 부담이 전가되는 것을 '오불균(五不均)' 중의 하나로 지목하여 그 시정을 강력하게 촉구하였는데, 이 또한 영세농민들로 구성된 민중의 생계를 최소 한도로 보장함으로써 향촌의 살림공동체를 건강하게 유지하기를 도모한 것이었다.

향촌 자치 조직의 필요성

성호가 전결(田結, 田地)의 균분, 양역의 공평과 함께 서민들의 살림공동체 유지를 위해 필요하다고 본 또 한 가지 필수조건은 토호들이 양민인 소농을 예속민(노비)으로 삼는 것을 방지하는 향촌 자치 조직의 결성이었다. 성호는 세금의 과도한 수탈, 탐관오리 횡행, 수재나 한재의 유행 등을 수수방관하는 것이야말로 위정자와 지식인의 병폐라고 규정하고, 도탄에 빠진 백성들을 적극적으로 구휼해야 한다고 강조하였다. 앞서 소남이 주장했던바, '불휼(不恤)'의 처벌도 이와 같은 성호의 가르침을 계승한 것으로 보인다. 성호는 이렇게 말한다. 어린아이가 위태로운 때를 당하면 그의 부모로서는 아이를 구하기에 급급하여 어떠한 수단과 방법도 가리지 않는다. 반드시 "어떻게 해볼 방법이 없다."고 하면서 가만히 앉아 죽는 것을 지켜보지는 않는다. 지금 시기가 백성이 한창 고난에 빠져서 어린아이가 우물에 들어가려는 것보다 더 위태로운 형편인데, 정치를 한다는 사람들이 방법이 없다고 핑계를 대고 모른 체하니 어찌 옳다고 하겠는가? 정치하는 데 있어 세금을 각박하게 받아들이는 것은 닭이 돌멩이를 맞아 상해도 돌보지 않는 것과 같고, 탐관오리를 징계하지 않는 것은 쥐나 너구리가 닭을 마음대로 잡아먹게 내버려두는 것과 같다. 또한 수재나 한재에도 백성을 구휼하지 않는 것은 사료를 아껴서 모이를 주지 않는 것과 같다. 어찌 방법이 없다고 하겠는가? 이처럼 성호는 곤경에서 백성을 구휼하는 것은 임금이 적자(赤子, 갓난아기)인 그의 백성을 돌보는 것처럼, 양계하는 사람이 닭을 돌보듯, 당연히 해야 할 공동체 구성원으로서의 임무라고 강조했다. 그러나 임금이 전국 곳곳의 토호들을 모두 제어할 수 없으므로 수시로 암행어사를 파견하고 또 감사와 수령을 통해서 토호들과 이서들의 횡포를 제어하게 하더라도 여전히 한계가 있다. 이를 극복하고자, 즉 토호들이 소민들을 침탈하지 못하도록 향촌 자치 조직을 수립할 것을 주장했다.

인, 리, 당 등의 향촌 자치 조직

부모와 그 자녀를 구성원으로 한 가장 기본적인 공동체인 가족 (가호)을 보호할 조직으로서 5가(家)에 1명의 '인장(隣長)'을, 5린에 1명의 이장(里長)을, 5리에 1명이 당장(黨長)을 둘 것을 제안했다. 이때 인장, 이장, 당장은 모두 강직하고 근면 성실한 사람으로 임명하되, 최소한의 지위를 갖추고 생계를 보장하기 위해, 이들 자치 조직의 장들과 그들의 복호(復戶, 세금을 면해주는 가호로서 일종의 협조자)에게는 세금과 부역의 의무를 면해주자는 것이었다. 즉 인장에게는 1명의 복호를, 이장에게는 2명의 복호를, 당장에게는 3명의 복호를 두게 된다면, 1당(=125가호)에서 모두 38가구의 복호만 제외하고 나머지 87가호가 세금과 부역의 의무를 충실히 수행하게 하면서, 토호 등에 의한 일체의 소민 침탈을 방지할 수 있다는 구상이었다. 이러한 인, 리, 당 등의 향촌 자치 조직은 곧 세금의 탈루와 양역의 침탈을 방지하려는 것을 그 목적으로 두고 있음을 알 수 있다.

환곡을 통한 서민 구휼

성호는 이에 더하여 조선 후기 전정(토지소유)의 불균형, 군정(양역)의 피폐와 함께 백성을 괴롭히던 삼정의 하나였던 환곡(還穀)의 폐단을 직시했다. 진휼(賑恤)을 위한 값싼(=부담이 적은) 대여(貸與)를 그 본래의 취지로 하는 환곡이었으나, 조선 후기에 와서 환곡은 수령과 아전들이 개인의 재산을 증식시키기 위해 백성을 등골을 빼먹는 무서운 고리대(高利貸)로 변모한지 오래되었다. 이에 성호는 반계의 제안을 이어받아 고리대로 변한 환곡을 폐지하고 물가조절 기능을 갖춘 상평창 제도를 부활시키자고 했다. 19세기 중반에야 대원군에 의해 시행되는 사창제도(社倉制度)는 그 운영의 주체가 관가가 아닌 향촌 자치 조직이었고 관리나 아전들에 의한 중간수탈을 방지한 점에서 반계와 성호가 제창한 환정(還政) 개혁의 취지에 부합되는 것이었다고 할 수 있다.

비, 여, 족, 당 등의 자치 방어와 규율 확립 체제

성호는 또한 군정의 개혁과 탈루 방지를 위해서 앞서 언급한 인, 리, 당의 조직과는 별도로 5가(家)에 1비장(比長)을, 25가에 1여서(閭胥)를, 100가에 1족사(族師)를, 500가에 1당정(黨正)을 두는 군사자치 조직을 구상했다. 이때 비장, 여서, 족사, 당정은 수령이 감시하고 다시 감사는 수령 이하 자치단체장을 감시하고 경조(京兆)가 감사를 통괄함으로써 자치 군사조직을 정식 행정체제에 연결하는 방식이었다. 만약 이렇게 하는 데도 여전히 가호의 탈루(脫漏)가 발생하여 10인 이상이 탈루하면 수령을 처벌하고 100인 이상이 탈루하면 감사를 처벌한다는 체제도 마련했다. 그리고 비, 여, 족, 당 등 향촌 자치 조직과 수령, 감사는 태(笞), 장(杖), 속(贖), 배(配) 등 의 자체 형벌을 실시함으로써 군대의 정수(편액)도 넉넉히 맞추고 향리가 편안해지며, 도둑의 근심도 아울러 제거할 수 있게 될 것이라고 보았다.

모범적인 근검, 절약의 생활화

성호는 근검, 절약을 위해 사치풍조(奢侈風潮)를 강력하게 배격하고 특히 부유한 사대부가에서 행하는 관혼상제의 예식인 주자가례(朱子家禮)의 형식을 대폭 축소한 서민을 위한 가례, 곧 서인가례(庶人家禮)를 만들어서 먼저 그 자신의 가정에서 상례, 혼례 때에 몸소 실천하는 모범을 보였다. 또한 사농합일(士農合一)을 내세워, 벼슬하지 않는 선비는 직접 농사를 지어 자신과 가족의 생계를 해결함으로써 놀고먹는 유식자(遊食者)들이 없어져야 한다고 주장하면서, 자신도 몸소 농사를 지어 가계를 꾸렸다.

관민소통의 계기로 삼은 향음주례

한편 '효도(孝道)'라는 가족윤리를 향촌에서 '경장(敬長)'이라는 사회윤리로 확장해 나가기 위하여 '향음주례(鄕飮酒禮)'를 실시할 것을 주장했다. 그리고 국가에서 그 비용을 대주고 사대부들은 그

예식을 시대상황에 맞게 간략하게 고쳐나갈 것을 제안했다. 성호는 송나라 장재(張載)가 운암(雲巖) 현령 재직 때에 실시했던 '향음주례'의 취지를 따라서, 단순히 향촌내 위계질서를 확립하는 차원이 아니라, 민(民)의 질고(疾苦)를 묻고 그 해결책을 모색해주는 관민소통(官民疏通)의 적극적인 계기로 향음주례를 활용할 것을 수령들에게 권고했다.

살림살이를 중시한 인재 양성

그렇다면 관민이 소통하여 백성의 질고를 해결하고, 향촌사회 구성원이 상부상조하여 호혜적(互惠的) 상생적(相生的)인 관계 속에서 '살림공동체'를 유지, 발전시켜 나가기 위해서, 성호는 어떠한 대안을 제시했을까? 이는 곧 공동체 유지와 발전의 관건이 되는 인재 양성의 문제이다. 성호는 '위학치생(爲學治生)'의 방법으로 인재를 양성할 것을 제안했다. 곧 학문을 하려는 사람은 먼저 집안 살림을 잘해야 한다는 말이었다. 성호는 다음과 같이 말했다. "내가 보니, 요즘 세상의 훌륭한 선비들이 혹은 한결같이 문학에만 뜻을 두고 집안 살림살이를 등한히 해서 어떻게 수습할 수 없는 지경까지 이른 경우도 종종 있었다. 그리하여 조상을 받들고 부모를 봉양하지 못하여 아내와 자식들이 함께 헐벗고 굶주리게 되어 학문하려는 의지마저 변하게 된다. 이렇게 된 후에야 비로소 후회하지만 이미 미칠 수 없다." 성호는 이러한 어리석은 선비들의 태도를 깨우치기 위해 허형(許衡)의 발언도 인용한다. "학문을 하는 사람에게는 살림을 잘하는 것이 가장 급선무가 된다. 생활이 어려워지면 학문을 하는 길에 방해가 된다. 선비는 마땅히 농사로 생활 대책을 삼아야 하며, 장사는 비록 말리(末利, 말단의 이익)를 쫓는 것처럼 보여도 과연 의리를 잃지 않게 처한다면 또한 나쁠 것이 없다." 성호 이익의 이같이 실용적 직업관과 이에 바탕을 둔 학문관 내지 인재 양성의 대책은 그의 제자 소남 윤동규의 삶과 학문, 그리고 공동체 인식에도 상당한 영향을 주었을 것이다. 【원재연】

제4부

인천이 해야 할 일들

인천 선비의 술
소남삼해주를 복원하자

성호학파의 학자들은 술을 좋아하였다. 다산이 강진 유배지에서 작은아들 학유(學游)에게 보낸 마지막 편지를 보면 이들 삼부자가 얼마나 술을 잘 마셨는지, 주량이 얼마나 큰지를 알 수 있다.

"너의 형이 왔기에 시험 삼아 술을 마시게 했더니, 한 잔을 마셔도 취하지 않더구나. 그래서 동생인 너의 주량은 얼마나 되느냐고 물었더니, 너는 형보다 배도 넘는다고 하더구나. 어찌하여 글공부는 아비의 버릇을 이어받지 않고 술만 이 아비를 넘어서느냐.

나는 태어난 뒤에 아직까지 크게 술을 마셔 본 적이 없어, 나 자신의 주량을 알지 못한다. 춘당대(春塘臺)에서 임금님을 모시고 과거시험 답안지를 채점할 때에 맛있는 술을 한 사발 하사받았는데, 그때 여러 학사들은 크게 취하여 인사불성이 되었다. 어떤 이는 남쪽을 향해 절하고 어떤 이는 자리에 엎어지고 자빠졌지만, 나는 시권(試券)을 다 읽고 착오 없이 과차(科次)를 정하고 물러날 때에야 약간 취했을 뿐이었다. 그렇지만 너희들은 내가 (평소에) 술을 반 잔 이상 마신 것을 본 적이 있느냐. 너에게 빌고 비노니, 술을 입에서 끊고 마시지 말거라."

성호는 『성호사설』 제5권 「오재·삼주(五齊三酒)」라는 항목에서
"술맛이 좋고 나쁨은 쌀과 물이 많고 적은 데 달렸기 때문에, 쌀
과 물을 똑같이 넣으면 술맛이 좋게 되고, 물을 많이 잡고 쌀을 적
게 넣으면 술맛이 나쁘게 되는 것이다. 그런데 오재·삼주라는 그
글 뜻을 자세히 검토해 보니, 꼭 그렇지도 않은 듯하다."라고 하여
술을 맛있게 담는 비법에 관해 소개하였다. 성호는 삼해주와 청명
주를 특히 좋아하여, 이렇게 기록하였다.

"큰 술집에 삼해주(三亥酒)와 오병주(五丙酒)라는 술이 있는데,
빚은 후에 흰 곰팡이가 끼고 맛이 시어져서 좋은 술이 될 수 없을
듯하나, 한 달쯤 지나면 바로 징주(澄酒, 맑은 술)가 되어서 맛이 아
주 달고도 톡 쏜다."

"나는 평생 청명주(淸明酒)를 가장 좋아한다. 청명주를 만드는
방법은 봄철 청명 때에 찹쌀 두 말을 여러 번 깨끗이 씻어서 사흘
동안 물에 담가 둔다. 또 다른 찹쌀 두 되를 물에 담가 두었다가
불은 후에 먼저 건져서 가루로 만든 다음, 두 말쯤 되는 물에 타서
누그름하게 죽을 끓인다. 이 죽이 식은 뒤에 좋은 누룩가루 한 되
와 밀가루 두 되를 넣고 동쪽으로 뻗은 복숭아 가지로 휘휘 저어
서 사흘 동안 덮어 둔다.

술이 된 뒤에는 체로 걸러서 찌꺼기는 버리고 독에 넣는데 겉물
은 보태지 않는다. 전일에 담가 둔 두 말 쌀을 건져서 술밥을 만들
어 식기 전에 함께 독에 넣어서 시원한 곳에 덮어 둔다. 너무 춥거

나 햇빛이 비치는 곳은 피해야 한다. 이렇게 해서 스무하루를 지나면 비로소 술이 익게 되는데 맛이 매우 달고도 톡 쏜다. 더운 여름철에도 만들 수 있으나, 술밥이 식은 뒤에 독에 넣어야 한다. 이 청명주 만드는 방법은 (사촌) 양계처사(良溪處士, 이진)에게 배운 것인데 혹 잊어버릴까 걱정되기에 기록해 둔다."

순암 안정복은 「광주부 경안면 2리 동약(廣州府慶安面二里洞約)」에 "모일 때 상·하의 약원(約員)들은 각각 술 한 통과 떡·과일·고기·채소를 다섯 그릇에서 세 그릇까지 가지고 오되, 간략하게 준비하도록 힘써서 행여라도 폐를 끼치지 않는다."고 정하였다. 동네 사람들이 모일 때마다 술 한 통 가져오는 것을 필수로 삼았으니, 순암이 살던 동네 사람들은 이날 각자 한 통씩은 마셨던 셈이다.

성호의 제자이자 소남의 손자뻘인 무명자(無名子) 윤기(尹愭)도 삼해주를 좋아하여 45세 되던 1785년 입춘(立春)에 시를 지으면서

좋은 술 삼해주(三亥酒)를 빚어두고서
향그러운 오신채(五辛菜) 맛을 보누나
妙釀謀三亥、香芽試五辛。

라고 하였다. 이들이 이렇게 좋아했던 삼해주를 담는 방문이 소남 종가에 전해온다.

서울 인천에서 즐겨 빚었던 삼해주

고려시대 최고의 문장가였던 이규보(李奎報)는 52세 되던 1219년 5월 계양도호부 부사(副使) 병마검할(兵馬鈐轄)로 부임하여 1년 넘게 인천에 살았는데, 그 역시 삼해주를 좋아하여, 친구에게 「내가 또 특별히 시 한 수를 지어 삼해주를 가져다준 데 사례한다[予亦別作一首 謝携三亥酒來貺]」라는 시를 지어 주었다.

쓸쓸한 집 적막하여 참새 잡는 그물을 칠 만한데
어찌 그대가 방문할 줄 생각이나 했으랴
게다가 한 병 술까지 가져오니 정이 두터운데
하물며 삼해주 맛까지 이렇게 뛰어나다니.
閑門寂寞雀堪羅。豈意君侯肯見過。
更把一壺情已重、況名三亥味殊嘉。

이규보가 65세 되던 해에 고려 왕실이 강화도로 도읍을 옮겨 몽골에 항쟁하자 따라 들어갔던 그는 다시 인천 사람이 되었으며, 74세로 세상을 떠날 때까지 강화에 살았다. 강화도 진강산에 있는 그의 묘는 현재 인천광역시 기념물 제15호로 지정되어 있다.

삼해주는 서울과 경기도 일대에 살던 사대부 집안에서 즐겨 마셨는데, 정월 첫 해일(亥日)에 빚고 다음 해일마다 두 차례 덧술하여 빚어서 마시기에 삼해주라고 하였다. 그만큼 시간이 오래 걸리는 술이기에 막걸리와 다른 품격이 있었고, 아무 집에서나 쉽게 만들기 힘들었다.

인천에 삼해주와 관련된 지명이 있다. 백제 시대에 중국으로 가는 사신을 배웅하던 청학동 사모지고개[三呼峴]를 삼해주현(三亥酒峴)이라고도 불렸다는 기사가 1760년판 『여지도서(輿地圖書)』「인천도호부 고적」 조에 실려 있는데, 사모지고개의 음이 변하여 삼해주고개라고 전해졌을 가능성이 있다. 다행히도 이 설화에 바탕하여 남동구 논현고잔동에 있는 양조장 송도향에서 삼양춘(三釀春)을 빚어 판매하고 있는데, 삼양(三釀)은 삼해주처럼 세 번 빚는다는 뜻이다. 겨울에 담아서 봄에 마시기에 춘(春)이라는 글자가 덧붙었다.

삼양춘은 전해오는 주방(酒方)에 따라 빚는 술이 아니라, 강학모 대표가 어린 시절 잔칫집과 상갓집에 소문났던 어머니의 밀주에 대한 추억을 되살려, 전통주연구소를 드나들며 배워서 개발한 술이다. 그런데 소남 종가에 삼해주 주방문이 전해 온다.

성호학파의 마지막 세대인 수당(修堂) 이남규(李南珪)는 아내 채씨가 세상을 떠나자 「아내 정부인(貞夫人) 채씨(蔡氏)를 제사하는 글」을 지었는데, 아내에게 고마워하는 가장 중요한 덕목 가운데 하나가 "봉제사(奉祭祀) 접빈객(接賓客)에 조금도 미진한 점이 없었다"는 점이었다. 제사를 받들고 손님을 접대하기 위해 늘 술을 빚었으며, 종가마다 저마다의 주방문(酒方文)이 있다.

소남 종가에는 일년주방문(一年酒方文)이 전해 오는데, 현재는

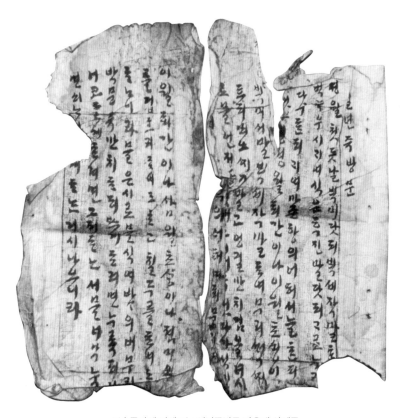

소남 종가에 전해오는 일년주방문 가운데 삼해주

정월과 2월 것만 확인되며, 술 이름은 쓰지 않았지만 삼해주이다.
"정월(正月) 첫 돗날[亥日]에 백미(白米) 다섯 되를 여러 번 씻어 가
루를 내어 … 개어 식힌 후, 밀가루 다섯 되를 가루를 내어 개어서
식힌 후 맞은 항아리에 넣어 서늘한 곳에 두었다가, 정월 그믐께나
2월 초순(初旬)쯤에 백미 세 말을 여러 번 씻어서 가루를 내어 무리
떡 찌니 …"라는 식으로 적혀 있다.

더 이상의 문헌적 근거는 아직 찾아지지 않았지만, 소남 종가의 삼해주 뿌리는 조선시대에 삼해주를 가장 많이 빚었던 서울 마포까지 이어질 것이다. 윤동규는 자신의 정신적인 고향이 소성현(인천) 남촌(도림동)이라고 여겼기에 호를 소남(邵南)이라 하였지만, 서울 용산방에도 집이 있었다. 용산방에서 서학(西學)에 다니다가 18세에 성호를 알게 되어 인천 남촌으로 이사 왔다.

소남이 어릴 적에 살았던 집 주소는 소남이 1773년 8월에 세상 떠난 뒤 손자 윤신이 이듬해에 호주를 상속받아 작성한 호구단자에 "한성부 용산방(龍山坊) 도화동(桃花洞) 제○통 제1호"로 되어 있다. 용산방의 첫 동네가 바로 마포 도화동인데, 삼해주를 많이 빚기로 이름난 동네이다.

영조 때인 1733년에 형조판서 김동필이 "서울로 들어오는 쌀이 삼해주를 만드는 데로 쏠려 들어가니 미곡정책상 이를 금하는 것이 옳다"고 간언한 것을 보면 삼해주가 쌀 낭비의 주범으로 몰린 것을 볼 수 있다. 백미를 백번 씻어서 첫 해일에 담고는 해일마다 두 차례나 덧술을 하였으니 다른 술의 세 배나 쌀이 들어가고, 그만큼 시간도 오래 걸렸다.

마포에서 삼해주를 많이 빚은 이유는 마포 공덕(孔德) 옹막이(甕幕)에서 겨울에는 옹기를 굽지 않아 빈 가마를 이용하여 삼해주를 빚었기 때문이다. 마포는 광흥창(廣興倉)에 전국의 산물들이 모두 몰려들어 먹거리의 수요와 공급이 풍성한 곳이었으니, 옆 동네 도화동에서도 양반들은 삼해주를 즐겨 빚어 마셨을 것이다. 삼해약주를 증류하면 삼분의 일 정도 분량의 삼해소주가 되어, 정월뿐만 아니라 일 년 내내 삼해주를 마셨다.

이렇게 삼해주가 많이 빚어져 쌀이 모자라게 되자, 정조 때인 1794년 10월 24일에 한성부 판윤 구익이 금주령(禁酒令)을 내리자고 제안하였다.

"금년과 같은 농사 상황에서 곡식을 허비하는 해악(害惡)으로는 술보다 더한 것이 없습니다. 지금이라도 금주령을 내리면 조그만 보탬이 없지 않을 것입니다."

그러자 정조가 말렸다.

"술이란 물건은 금지하기가 매우 어렵다. 더구나 지금 기강이 무너지고 풍속이 퇴폐하였으니, 금주령을 내린다 하더라도 어찌 어리석은 백성들이 조정의 명령을 금석처럼 믿으리라고 보장할 수 있겠는가. 더구나 삼해주(三亥酒)가 이미 다 익었으니 이제 와서 이미 다 빚어놓은 술을 공연히 버리게 할 수는 없다. 게다가 내년은 보통 해와 달라서 온 세상이 기뻐하며 춤출 것이니 더욱 술 빚는 것을 금할 필요가 없다. 그러나 안주를 풍성하게 마련하는 것이나 술을 법도에 넘게 많이 빚는 것에 대해서는 이미 연전에 묘당의 금칙(禁則)이 있었으니, 어찌 아래에서 금지할 방법이 없겠는가. 이것은 실무자가 어떻게 거행하는가에 달려 있을 뿐이다."

정조 자신이 애주가였기에 금주령을 내리지 말라고 명령한 것이기도 하지만, 음력 10월에도 삼해주가 익었다고 했으니 이 시대에는 일 년 내내 삼해주를 마셨음을 알 수 있다. 이미 삼해주는 익었

서울시 무형문화재 제8호 권희자 보유자와 삼해주
(서울무형문화재 교육전시장 사진)

으니 너무 많이 마시지 말고, 안주도 너무 많이 축내지 말라고 절충안을 내렸을 뿐이다.

그 뒤로 1935년에 조선주조협회에서 『조선주조사(朝鮮酒造史)』를 편찬할 때까지도 마포 삼해주의 인기는 여전하였다. 지금의 공덕동인 공덕리에는 100여 호의 소주 제조가가 있어 큰 곳은 1년에 약 60석(1만800리터), 작은 집에서도 3석(540리터) 정도를 제조했는데, 그 양이 총 3000석(540톤 정도)이나 됐다고 한다. 지금 마포에 삼해주 제조 전승자는 없고, 권희자 명인이 1993년 2월 13일에 서울특별시무형문화재 제8호 삼해주(약주) 보유자로 인정되었다.

소남 종가에 전해지는 이 주방문에 따라 삼해주를 빚어 소남의 날 행사에 시민 대표들이 제주(祭酒)로 올리고, 인천 시민들이 함께 음복(飮福)하면서 소남 윤동규 이야기를 해보고 싶다. 그러기 위해서는 주방문 중간에 몇 글자 보이지 않는 부분을 검토하여 소남주(邵南酒)를 복원해야 한다. 인천 막걸리 양조장들이 연합하여 소성주(邵城酒)라는 이름으로 등록했고, 인천의 삼해주는 이미 삼양춘(三釀春)이라는 이름으로 등록했으니, 소남 윤동규의 종가에 전해오는 주방문에 따라 복원한 삼해주는 소남주, 또는 소남삼해주(邵南三亥酒)라는 이름으로 등록하는 것이 좋겠다. 구전에 따라 빚는 삼해주가 아니라, 정확한 주방문에 따라 복원한 인천의 명주 삼해주이다. 【허경진】

성호와 소남
수백 통 친필 편지를 정리하자

나의 지도교수인 연민(淵民) 이가원(李家源) 선생이 쓰신 「한문 문체연구」를 보면 한문으로 쓴 편지 종류가 15가지나 된다. 그러나 이것은 민간인 사이에 주고받는 서독류(書牘類)만 헤아린 것이고, 왕이나 외국에 보내는 주의류(奏議類) 가운데도 넓은 의미의 편지들이 있으니, 모두 20가지가 넘는다. 서(書)는 긴 편지고, 독(牘)은 짧은 편지인데, 신하가 목숨을 걸고 올리는 상소문이나 임금이 온 백성에게 보내는 교서도 모두 편지이다. 스승의 장례에 지은 제문은 영전(靈前)에서 읽어드리는 편지이다.

옛사람들은 편지 하나도 자신의 이름을 걸고 썼다. 뒷날 무슨 일이 생길지 몰라서, 또는 자신의 문집을 엮을 때 원고로 삼기 위해서도 반드시 편지 초고를 남겼고, 편지를 받은 사람도 그 편지를 잘 간직했다. 삼백 년이나 된 윤동규의 편지를 그의 후손이 여태껏 간직하고 있는 것도 조상의 손길이라 생각했기 때문이다.

성호가 안산에 살던 집 바깥채를 중형 이서(李漵)가 육영재(六楹齋)라고 이름 지었는데, 글자 그대로 기둥이 여섯 개인 초가 3간이었다. 앞의 한 칸은 토청(土廳)이고 뒤의 두 칸을 방으로 만들었는데, 살림도 넉넉지 않아 제자들이 오래 머물 수도 없었다. 그러다 보니 대부분의 제자들은 처음에 찾아뵙고 제자로 받아주시기를 청한 뒤에, 기본적인 학문이 갖추어지면 자기의 집에 살면서 편지로 내왕하였다.

조선시대에는 멀리 떨어져 있는 스승과 제자 사이에 편지를 통해 질문하고 대답한 경우가 많은데, 퇴계 이황과 고봉 기대승 사이에 7년 동안 오간 사단칠정론(四端七情論) 같은 경우는 세계적인 서간문학이자 철학 논문이다. 이 편지들은 뒷날 『양선생 왕복서』 3권, 『양선생 사칠이기 왕복서(兩先生四七理氣往復書)』 2권으로 묶였으니, 우리나라는 세계에서 보기 드문 편지의 나라다. 그러나 윤동규는 성호 문하에 18세에 입문한 뒤에 60년 동안 몇백 통의 편지를 주고받았으니, 그에 비길 바가 아니다. 그 친필 원본이 거의 그대로 남아 있다.

> 마음속의 사람이 뜻밖에 와주니
> 정신이 통해서 은연중 재촉했던 게지. (줄임)
> 백로와 제비 쫓아 동서로 헤어진 뒤에
> 이별의 심정을 응당 편지 가득 써 보내올 테지.

윤동규가 처음 안산으로 찾아오던 시기에 성호가 그에게 지어준 시 「송윤유장(送尹幼章)」의 한 구절인데, '마음속의 사람[心內人]'인

제자 윤동규가 연락도 없이 찾아오자 "정신이 통해서 은연중 재촉했던 게"라고 반가워했다. 성호도 오늘쯤 소남이 왔으면 좋겠다고 기다렸던 것이나 아닐까.

"동서로 헤어진 뒤에 이별의 심정을 응당 편지 가득 써 보내올 테지."라고 성호가 기대한 것처럼, 촛불을 켜놓고 며칠 밤을 지새워 학문을 토론하다가 인천으로 돌아온 소남은 하루가 멀다 하고 편지와 시를 써서 스승에게 보냈다. 물론 이들이 주고받은 편지는 안부만 물은 것이 아니다.

어떤 날은 도남촌(도림동)에 살던 윤동규의 형제들이 함께 토론해서 의견을 수렴해 답장을 보냈기에, 성호가 1741년 아우 윤동기에게 보낸 편지에는 "형과 잘 의논해서 회답을 보내라.[須與伯公商量回報也]"고 하였다. 작은아우 동진이 1735년에, 큰아우 동기가 1756년에 세상을 떠나자, 그 뒤에는 손자들이 편지를 가지고 안산 성호에게 찾아갔다.

성호가 1758년 윤동규에게 보낸 편지 「답윤유장(答尹幼章)」 첫머리에 "손자가 지금 봉함편지를 가지고 와서 전해 주었는데, 겹겹이 들어 있는 몇 장 편지에 색색으로 깊은 뜻이 담겨 있어 얼마나 위로받는지 모르겠소"라고 하였으니, 맏손자 신이라면 21세, 작은손자 위라면 14세에 안산으로 성호를 찾아가 편지를 전달하고, 성호학파의 강석(講席) 끄트머리에 앉아서 배운 셈이다.

『소남선생문집』 영인본은 전체 14권 가운데 8권이 서(書)이다. 편지가 이렇게 많은 이유는 소남이 인천에 살고 스승 성호는 안산

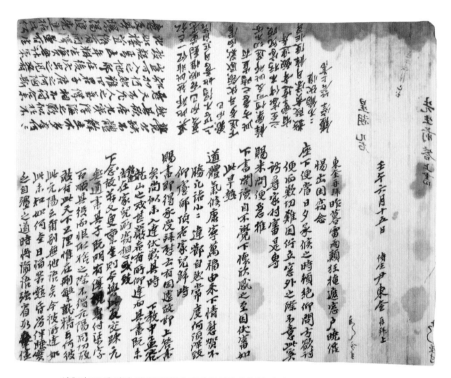

성호가 80세 되던 해에 68세 된 제자 윤동규가 『성호사설』을 교감하면서 보낸 편지.
종이를 아끼느라고 세 번이나 방향을 바꿔가면서 썼다.

에 살아, 주로 편지를 통해 질문하고 가르침을 받았기 때문이다.
성호가 세상을 떠난 뒤에는 소남이 좌장 역할을 했으므로, 권철신,
이가환 등 천주교 신자 후배들과도 편지를 주고받게 되었다.

　종가에는 윤동규가 스승 성호에게 보낸 편지가 49통, 성호에게
서 받은 편지가 221통 남아 있다. 스승의 편지가 네다섯 배나 남아
있는 이유는 손자 윤신이 『소남선생문집』을 편집하려고 안산 성호
장(星湖莊)을 방문하였지만, 소남의 편지를 다 찾아오지 못했기 때

문이다. 두 사람의 편지는 비슷하게 오갔을 텐데, 윤동규는 스승의 편지를 물론 소중하게 간직하였기에 스승의 편지만 네다섯 배나 남게 된 것이다. 『성호전집』에는 윤동규 형제에게 보낸 편지를 다 합해도 65통밖에 실려 있지 않다. 윤동규가 받아서 후손들에게 물려준 편지의 4분의 1만 실려 있는 셈이다.

윤동규 종가에 소장되어 있는 편지를 다 정리하면 『성호전집』도 다시 편집할 필요가 있다. 윤동규가 스승, 후배, 제자들에게 보낸 편지를 차례로 소개하여, 인천 바닷가에 살면서 학문의 세계에 몰두하였던 윤동규의 네트워크를 재구성하면 성호학파의 문화지도가 그려질 것이다. 【허경진】

중경산 자락에 있던
소남의 서재 경지실을 복원하자

소남 윤동규의 3형제는 모두 성호의 제자인데, 안산에 있는 성호의 집에 자주 찾아가 며칠씩 머물면서 배우거나 성호의 저술을 정리하였다. 제자가 며칠씩 머물다가 인천 집으로 돌아가는 날에는 성호가 전송하는 글을 지어 주었는데, 윤동규에게 지어준 「윤유장을 전송하는 서문[送尹幼章序]」, 윤동진에게 지어준 「윤복춘을 전송하는 서문[送尹復春序]」이 『성호전집』에 실려 있다.

성호는 가장 사랑하고 믿는 제자인 소남 윤동규가 사는 인천 도남촌에 몇 번이나 찾아와 보았을까? 윤동진이 32세에 세상을 떠나자 성호가 만시(挽詩)와 제문을 지어 가지고 도남촌에 찾아와 조문한 기록이 『성호전집』에 실려 있다. 소남이 묘갈명을 부탁하자, 성호가 곧바로 지어 주었다.

"(복춘이) 시간이 있으면 천문 관측, 산수 등을 연구했는데, 왕왕 정묘한 경지를 터득했다. 손수 나무를 깎아 천문관측기[璿璣玉衡]를 만들었는데, 하루 종일 일하면서도 지칠 줄을 몰랐다."

그가 만든 천문관측기는 밤하늘을 쳐다보며 실제로 천문을 관측했다기보다는 책에서 읽었던 선기옥형(璿璣玉衡)을 실제로 만들어 보는 데에 목적이 있었을 것이다. 가난한 집이었지만, 그의 서재에는 천문과 산수에 관한 책, 그리고 성호가 발문을 지어준 『윤복춘시권(尹復春詩卷)』이 남아 있었을 것이다.

벼슬하지 않는 선비의 집은 분수에 맞게 자그마했다. 소남이 18세 되던 1712년에 성호를 처음 찾아뵌 집은 안산군 군내면 점성리에 있었는데, 그 동네를 흔히 첨성(瞻星)이라고 하였다. 지금의 안산시 상록구 일동이다. 앞에 큰 못이 있어 호를 성호(星湖)라고 하였다. 제자 순암 안정복은 성호를 처음 찾아뵌 기억을 이렇게 기록하였다.

> 병인년(1746) 10월 16일에 집에서 떠나 17일 오후에 점섬(占剡)에 이르렀다. 작은 산기슭을 하나 넘자 그 산기슭이 끝나는 곳에 초가집이 한 채 있었는데, 마당에 있던 하인 하나가 찾아온 손님을 보고 앞에 와서 절을 하였다. 내가 물어보아 선생의 댁이라는 것을 알고 드디어 말에서 내려서 알리게 했더니, '곧바로 들라'고 하셨다. 바깥채는 3칸으로, 앞의 한 칸은 토청(土廳)이고 뒤의 두 칸은 방으로 만들었으나 규모가 매우 소박하고 조촐하였다. 이곳이 선생의 중씨(仲氏) 옥동공(玉洞公)이 육영재(六楹齋)라고 이름 지은 곳이다.

안정복은 35세에 처음 성호를 찾아갔는데, 그 뒤에는 벼슬길에 나서다 보니 자주 찾아갈 수 없었다. 수천 권의 책은 다른 채에 있없을 것이다.

순암은 46세 되던 1757년에 스승 성호에게 자신의 서재 이름을 순암(順庵)이라 알리고 기문(記文)을 부탁하였는데, 소남은 그런 부탁을 하지 않아 그의 서재의 규모나 이름이 알려지지 않았다. 다행히도 48세 되던 1742년 8월 15일 성호에게 보낸 편지에서 그의 집 모습을 조금이나마 찾아볼 수 있다. 5년 전에 도리산 자락의 땅을 71냥에 사서 터전을 늘리더니, 그 사이에 새로 집 지을 준비를 마쳤던 것이다.

이웃의 전염병 또한 저절로 가라앉아 조금은 느긋하게 노닐 수 있게 되었습니다만, 흉년이라 죽음으로 모는 상황을 면하지 못할까 걱정스러울 뿐입니다. 스스로 살 계책이 없어 매우 고민이 되니 어쩌겠습니까?

선영 근처에 터전을 잡았으니 작은 집을 지어서 이곳에서 노래도 하고 곡(哭)도 하면서, 아침에 나무하고 저녁에 독서할까 합니다. 뒤에는 언덕과 송추(松楸)의 그윽함이 있고 앞으로는 관악산과 수리산의 빼어난 풍광이 펼쳐져 발과 눈이 닿는 곳마다 아름다운 정취가 있을 것입니다. 흉년이라 일자리가 절박하니 공사를 쉽게 이루지 못할까 걱정입니다.

산 이름이 중경이라 제가 머무는 곳의 이름을 "중경(重慶)"이라 하고, 선영이 있는 곳이니 감히 방의 이름을 "경지(敬止)"라 할까 합니다. 훗날 집이 완성되면 마땅히 절하고 가르침을 청하겠습니다.[1]

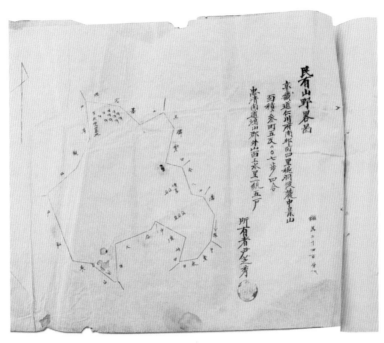

소남 종손의 증조부 윤지수가 1910년 인천부윤에게 제출한 신청서 약도에
"경기도 인천부 남촌면 4리 도동 후록(後麓) 중경산"이라는 주소가 적혀 있다.

  소남이 인천에 정착한 지 꼭 30년 만에 새집을 짓고 집 이름과
서재 이름을 지었다. "집이 완성되면 마땅히 절하고 가르침을 청하
겠다."고 했으니 소남도 역시 성호에게 기문을 부탁했을 텐데, 아직

---

1 「壬戌八月十五日」. "東奎幸荷盛念, 聊拙自保, 而隣比染氣, 亦自寢息., 稍可優遊, 但歲
凶恐不免迫人死耳. 自活無策, 深爲搖惱, 柰何? 近於先人塋下, 卜一基址, 擬搆結卑矯小室,
以爲歌斯哭斯, 朝樵暮讀之計, 而後有丘園松樹之幽, 前開冠岳修理之秀, 足目所到, 當有佳
趣, 儉歲切役, 恐未易成耳. 山名重慶, 故名其所居日重慶, 以其桑梓之鄕, 故敢名其室日敬
止, 它日屋成 當進拜有以請敎耳."

은 눈에 띄지 않는다.

중경산이라는 이름은 지금도 그대로 불리는데, 남동구 남촌도 림동 산58-3에 있는 74.3m 높이의 야산이다. 인천은 고려시대에 왕비가 대를 이어 배출되어 왕 7명의 외향(外鄉)이므로 경원군(慶源郡), 경원부(慶源府)로 승격하였다. 중경산이라는 이름은 다른 기 록에 보이지 않는데, 중경산 좌우에 중림역과 경신역이 있었으므 로 중경산이라 했거나, 아니면 왕비를 거듭 배출하여 중경(重慶)이 라 했겠지만 확실치 않다.

중경산 자락에 집을 지었으므로 집 이름은 중경재(重慶齋), 또 는 중경당이라 하였고, 방 이름은 경지실(敬止室)이라 하였는데, 『시경』「소아(小雅) 소반(小弁)」에서 가져온 글자이다.

뽕나무와 가래나무도
반드시 공경해야 하니
우러러볼 것은 아버지 아님이 없으며
의지할 것은 어머니 아님이 없도다.
維桑與梓, 必恭敬止,
靡瞻匪父, 靡依匪母.

뽕나무와 가래나무는 쓰임새가 많은 나무여서 집을 지으면 울 타리 밑에 심어서 자녀들이 누에를 치고 땔감을 마련하는 밑천으 로 삼게 하였다. 그래서 상재(桑梓)는 고향을 가리키는 말로 쓰였는데, 소남은 낳아주고 길러주신 부모에게 감사하라는 뜻으로 경지(敬止) 두 글자를 편액에 새겼다. 부모가 모두 세상을 떠났으므로 더욱 그리웠을 것이다.

"이곳에서 노래도 하고 곡(哭)도 하겠다[歌斯哭斯]"는 구절은 『예기(禮記)』「단궁(檀弓)」에서 가져온 말이다. 진 헌문(晉獻文)이 집을 짓자 장로(張老)가 "아름답고 빛나도다. 여기에서 노래하고 여기에서 곡하며, 여기에서 일족을 모으리라.[美哉奐焉 歌於斯哭於斯, 聚國族於斯.]"라고 축복하였다. 소남이 어려운 살림 속에서 새집을 짓고 자손들이 번성하기를 꿈꾼 것이다.

절도사 이민수(李民秀)가 재실에 '어사(於斯)'라는 편액을 걸고 다산 정약용에게 그 뜻을 부연해 달라고 청하자, 다산이 이렇게 설명하였다. "나에게 없는 물건을 바라보고 가리키며 '저것'이라고 말하며, 나에게 있는 것을 깨달아 그를 보면서 '이것'이라고 말한다. '이것'이라는 것은 내가 이미 소유한 것이다. 내가 소유한 것이 나의 소원을 만족시키기에 부족하다면 그 마음은 만족할 수 있는 것을 사모하지만 그것을 바라보고 가리키며 '저것'이라고 말하지 않을 수 없는 것이니 이것이 천하의 공통된 근심거리이다."

내 것에 만족하지 못하면 네 것도 내 것으로 만들고 싶어진다. 다산은 「어사재기(於斯齋記)」에서 "이곳에서 노래하고, 이곳에서 곡한다.[歌於斯哭於斯]"는 말을 설명하며 "여기에서 '사[斯]'라고 하는 것은 자기에게서 만족을 찾을 뿐, 남에게서 만족을 찾는 것을 원하지 않는다는 뜻이다."라고 마무리하였다.

소남이 인천에서 사용했던 도장들.
왼쪽부터 윤동규인, 파평후인(坡平后人), 파산세가(坡山世家)

소남은 이 집에서 아침에 나무하고 저녁에 글을 읽겠다[朝樵暮
讀] 했으니, 주경야독(畫耕夜讀)은 『소학(小學)』 「선행(善行)」에 실린
당나라 은사 동소남(董邵南)의 고사이다. 동소남이 진사과에 낙방
하고도 고향에 돌아와 어려운 살림 속에 부모를 봉양하며 주경야
독하자, 시인 한유(韓愈)가 「동생행(董生行)」이라는 고시(古詩)를 지
어 주었다.

아아! 동생(董生)이여!
아침에는 밖에 나가 밭을 갈고
밤에는 집에 돌아와 고인의 서책을 읽는구나.
하루 종일 쉬지 않고
산에서 나무 하고
물에서 고기 잡아,
부엌에 들어가 맛있는 음식을 장만하고

당(堂)에 올라가 부모님께 안부를 물으니,

부모는 근심하지 않고

처자식은 원망하지 않도다.

嗟哉董生! 朝出耕,

夜歸讀古人書. 盡日不得息,

或山而樵, 或水而漁,

入廚具甘旨, 上堂問起居,

父母不戚戚, 妻子不咨咨.

당나라 동소남의 주경야독이야말로 천년 뒤 인천의 윤소남이 중경산 경지실(敬止室)에서 누린 만족이 아니었을까.

윤소남이 중경산 자락에 세웠던 중경재와 경지실 터는 1980년대에 현대 아이파크아파트를 지으면서 흔적도 없이 사라졌다. 뒷산에 중경산공원이라는 이름만 남아 있을 뿐이다. 제자 자로(子路)가 스승 공자에게 '만약 위나라에서 정치를 행한다면 무엇부터 먼저 하겠느냐'고 묻자, 공자가 "반드시 이름을 바로잡겠다.[必也正名乎]"고 하였다.

중경(重慶)과 경지(敬止)의 뜻에 맞게 살려고 애썼던 윤동규야말로 이름을 지켰던 선비이다. 윤동규가 세웠던 서재의 형태를 알 수는 없지만, 중경산 자락에 중경과 경지라는 이름으로 소남 윤동규 기념관을 세워서 그의 정신을 인천의 후예들에게 전해주는 일이 인천 시민에게 남겨진 숙제이다. 【허경진】

허경진 교수의 저서

『소남 윤동규: 성호학파의 좌장』

허경진 교수의 저서
『소남 윤동규:성호학파의 좌장』

잊혀졌던 인천 학자의 생애와 저술을 추적한 보고서

허경진 교수의 『소남 윤동규』는 18세기 인천 도남촌 출신의 학자 윤동규의 삶을 조명하고, 그 후손 집안에 전하던 저술과 유물들이 지닌 가치를 논하면서, 조선 후기 지성사의 밑그림을 제시한 책이다. 윤동규는 이병휴, 안정복과 함께 성호 이익의 3대 제자 가운데 한 사람으로, 사실상 성호 이익의 맏제자이다. 윤동규는 호를 소남촌인(邵南村人)이라 했다. 소남은 인천의 옛 이름 소성(邵城)과 도남촌(道南村)을 합하여 만든 자호이다.

이병휴는 이익의 조카로, 이익의 학문사상 가운데서 급진적 사유를 계승하고, 이익의 문집을 집대성했다. 안정복은 이황과 이익으로 이어지는 성리학의 정수를 연찬하고, 세손 시절의 정조를 보도하는 일을 맡았으며, 이익의 『성호사설』을 정리했다. 이에 비해 윤동규는 향촌에서 올바른 도리를 실천하면서, 이익은 물론 안정복, 이병휴 등과 서찰을 교환하며, 경학이나 예학, 현실 정치의 쟁점들에 관한 학파 내의 사유를 구축하는 데 크게 기여했다. 윤동규는 성호학파의 경학, 예학, 역사 연구의 방법을 형성하는 데 큰 역할을 했다. 윤동규는 역사와 지리를 연계시켜 고찰하는 방법을 구사하여, 안정복의 『동사강목』 저술에 일정한 영향을 끼쳤다. 나아가 정약용이 『아방강역고』와 『대동수경』 등에서 역사지리 방법론을 확립하는 데 원동력이 되었다.

이익이 죽은 후 묘지(墓誌)는 이병휴가 짓고, 묘갈명은 채제공(蔡濟恭)이 지었다. 그런데 그 비지(碑誌)를 작성하기 위한 자료로 이병휴가 가장(家狀)을 작성한 후 윤동규가 행장(行狀)을 찬술했다. 근대 이전 학자의 행장은 수제자의 위치에 있는 사람이 찬술하는 것이 관례였다. 이익의 문하에서 윤동규의 위상이 어떠했는지 짐작할 수 있다. 허경진 교수가 이 책의 부제를 「성호학파의 좌장」이라고 붙인 이유가 여기에 있다.

윤동규의 문집은 민족문화추진회와 한국고전번역원에서 간행한 한국문집총간에 들어 있지 않다. 그런데 소남의 14대 종손 윤형진 씨는 인천시 남동구 도림동 소남 종가에 소장되어 오던 고문서 1천여 점과 서책 및 유물 318점을 2005년 2월 인천시립박물관에 기탁하고, 5년 후 2010년 1월에는 한국학중앙연구원에 이관하게 했다. 이후 한국학중앙연구원 장서각은 '간찰' 일부만 탈초 및 해제하였다. 인천 남동문화원은 윤동규의 유물 8,500여 컷을 촬영해 디지털로 변환했다. 그리고 허경진 교수를 중심으로 하는 연구진은 '소남선생문집'을 역주하기 시작했다.

허경진 교수는 『소남 윤동규』에서 윤동규의 일생과 학문 내용을 개괄하고, 윤동규의 시문과 소남 종가 도서의 가치를 논평했다. 저술 당시 관련 자료들을 충분히 망라하여 윤동규의 삶과 연계시켜 종합적으로 서술하지는 않았으므로 평전을 일컫지 않는다고 밝혔다. 하지만 이 책은 평전이자 학술서이다. 굳이 말하자면 삶의 각 단계를 시간축에 따라 서술하는데 주력하지 않고 관련 자료의 성격을 알기 쉽게 설명한 부분이 많으므로 일반적인 평전과는 다르다. 또 논점을 변증하며 원문을 각주로 제시하기보다는 역사 문화적 맥락을 해설했으므로 흔히 말하는 학술서와는 다르다. 그러나 이 책은 윤동규의 삶의 전모를 저자 특유의 음성으로 독자들에게 전달하고 있어서 평전의 특성을 지니고, 자료의 성격을 학술 사상사에 위치시켜 그 특징을 정확하게 제시하여 전문 학술서의 성격을 지니고 있다, 통념에 얽매이지 않고 평전과 학술서의 양식을 결합한 점, 이것이 이 책의 강점이다. 더구나 이 책은 선비 집안의 이름과 자(字)를 짓는 관습, 가학의 계승, 상장례의 모습, 과거 시험 준비와 응시 과정, 입사(入仕)의 길, 재산 관리 방식, 학맥 내 교류의 양상 등에 관해 친절한 해설을 덧붙여, 역사 상식을 확대시켜 나갈 때 유용하다. 적절하게 자료 사진과 고지도를 배치하여 글의 내용을 이해하는 데 큰 도움을 주었다.

새로운 지식체계를 구축하고자 분투한 윤동규의 생애

『소남 윤동규』에서 허경진 교수는 윤동규의 삶과 학문 세계, 학문 저술의 내용, 그리고 성호학파 내에서 윤동규가 차지하는 위상을 밝히고, 윤동규가 다양한 많은 서적들을 소장하고 열람하여 학문 연구에서 새로운 경지를 이룩하고 성호학파 제3세대를 양성한 사실을 부각시켰다. 그리고 향후, 윤동규를 중심으로 인천의 근대 이전 학맥을 본격적으로 연구할 필요성을 강조했다. 이에 따라, 『소남 윤동규』는 모두 5장으로 구성되어 있다. 1장 '학문에만 전념한 윤동규의 생애', 2장 '성호 문하에 들어가 학문하다', 3장 '인천에서 가장 컸던 도남촌 도서관', 4장 '인천의 성호학파와 윤동규의 제자들', 5장 '성호학파의 외연을 끌어들인 인천의 숙제' 등이다.

1장에서는 윤동규의 과거시험, 가계, 형제, 자제들에 관해 행장과 묘지명 등의 자료를 소개하며 친절하게 밝혔고, 윤동규가 가난하게 살면서도 학문에 전념하여 새로운 지식체계를 구축하고자 분투한 사실을 역시 자료들을 풍부하게 이용하여 서술했다.

윤동규의 집안은 문정왕후의 친정아버지 윤지임(1475~1534)과 그의 셋째 아들 윤원필로 이어졌다. 윤원필의 셋째 아들 윤상전이 윤동규의 고조부이다. 윤상전의 형 윤상민이 137대 인천도호부사(종3품)를 지낸 연고가 있어, 윤상전은 병자호란 뒤 인천으로 이사했다. 윤동규의 증조부, 조부, 부친이 모두 도림동 도리산에 음택을 두었다. 그리고 윤동규 자신과 그의 5세손까지 선영 아래 묻혔다. 윤동규는 한성부 서학에서 수학했으나 성균관으로 진학하지 않았고 문과에 응시하지도 않았다. 이 때문에 소남 종가에 윤동규의 선대와 후대의 시권(試券)과 과지(科紙)가 30여 장 남아 있지만 윤동규의 자료는 찾아볼 수 없다. 윤동규는 18세 되던 1712년에 이익의 문하에 들어가 진정한 학문을 시작했다. 윤동규가 일생 가난하였지만, 1737년에 남촌 도리산 자락의 토지를 사들인 명문(明文) 등을 근거로 보면, 윤동규는 한편으로 농사를 짓고 한편으로 학문을 하는 부지런한 삶을 살았으리라 추정된다.

1746년 안정복의 아들 경증은 도남촌에 거처하던 윤동열의 딸과 혼례를 올렸는데, 이듬해 안정복은 16세의 아들 경증을 윤동규에게 나아가 수학하게 했다. 이후 윤동규와 안정복은 평생 지기가 되었다. 1749년에 윤동규가 아동의 교과서였던『소학』을 다시 보라고 권하자 안정복은 순순히 받아들였다. 안정복이 동몽교관에 의망되자 윤동규는 서찰을 내어, 그것이 조상의 음덕에 의한 것인지 경학(經學)에 밝아 천거된 것인지 묻고, 스승 이익의 말을 인용하여 경학으로 임명된 것이라면 신중해야 할 것이라고 조언했다. 안정복은 자신의 출처에 대해 변명하는 서찰을 내어야 했다. 이러한 서찰들을 읽어보면 성호학파 지식인들이 얼마나 개결했으며, 두터운 신뢰를 바탕으로 서로 권면하고 훈계했다는 사실을 잘 알 수 있다.

2장에서는 성호학파 내에서 윤동규가 차지하는 위상을 검토했다. 이익은 윤동규의 지조가 견실하고 견해가 명석한 것을 사랑하여, 앞으로 우리의 도가 의탁할 곳이 있게 되었다고 인정했다. 윤동규가 죽은 후 안정복이 작성한 행장에 의하면, 윤동규는 이익의 저술들을 정리하면서 스승의 학문세계를 흡수했으며, 이익의 학문 방법과 그 골정(骨正)이 학파 내에서만이 아니라 후대에까지 잘 전해지도록 기여했다. 1752년에 이익은 윤동규에게 『도통록(道統錄)의 편찬을 맡기는데, 이후 안정복이 『이자수어(李子粹語)』라는 이름으로 바꾸어 편집을 주도하되, 수록 내용과 편차를 결정하는 때에 윤동규와 긴밀하게 의견을 교환했다.

허경진 교수는 이 책의 제2장에서 윤동규의 학문세계와 학문 태도에 대해, '자신을 반성하고 스스로 터득하는 학문 방법', '전 방위에 걸친 소남의 글쓰기', '소남 종가 바깥에 전하는 소남의 문헌', '순암과의 토론을 통해 학문이 진전되다' 등 4개의 절로 설명한 바 있다. 또한 윤동규의 예학에 주목하고 천주교를 긍정적으로 검토한 사실도 다루었다. 윤동규와 이익은 서찰을 주고받으면서 각자 학문의 내용을 풍부하게 하는데 서로 도움을 주었다. 심지어 윤동규는 장남의 장례를 치를 때 이익이 확정한 의례를 실천했다. 또한 윤동규는 안정복의 역사론을 이익을 통해 전달받아 자신의 관점에서 역사사실을 재검토했다. 허경진 교수는 윤동규가 이익과 주고받은 시, 윤동규가 이익과 이병휴, 안정복과 주고받은 서찰을 되읽으며, 성호학파가 지적 탐구의 대상으로 삼았던 쟁점이나, 현실의 여러 문제에 대처한 공통된 인식을 독자에게 드러내 주었다.

『소남 윤동규』의 제3장에서 허경진 교수는 윤동규의 소남 종가 소장본들이 인천 지역의 사설 도서관 역할을 하여, 이 지역의 지식인들이 학문적 연찬을 행할 때 크게 바탕이 되었을 것이라고 보았다. 윤동규는 천주교에 대해서도 관용적일 정도로, 서학 도서까지 포함하여 새로운 사조에 대해서도 적극적인 관심을 두었다. 윤동규는 페르디난드 페르비스트의 『곤여도설』을 스스로 베꼈으며, 『곤여도설』의 마지막 장에 자신이 베꼈던 서학과 천주교 관련 서적의 제목을 일부 적어 놓았다. 이 자료는 1749년 정월에 안정복이 윤동규에게서 빌렸던 책들을 돌려주면서 함께 보낸 서찰에서도 일부 확인할 수 있다. 18세기 초 조선에서는 서구의 세계전도가 수입되어 중국 중심의 세계관을 극복하게 되었다. 중국에서 마테오 리치가 제작한 「곤여만국전도」(1602)를 모본으로 해서 조선에서 제작된 「곤여만국전도」 병풍(1708) 등과, 역시 중국에서 페르비스트가 만든 「곤여전도」(1674)를 바탕으로 조선에서 제작된 「곤여전도」 8폭 병풍(부산박물관 소장) 등이 알려져 있다. 윤동규의 소남 장서는 인천 지역에서만 읽힌 것이 아니라 성호학파 전체에서 두루 활용되었을 듯하여, 윤동규 필사의 『곤여도설』은 새로운 세계인식이 성호학파를 중심으로 상당히 폭넓게 공유되었던 사실을 입증해 준다. 이와 관련하여 허경진 교수는 박혜민 님과 함께 『소남 선생이 필사한 곤여도설』을 2021년에 소남 윤동규 총서의 제2권(보고사)으로 간행한 바 있다.

4장에서는 윤동규의 제자들로 이익의 조카 이병휴를 비롯해 사간 이봉령의 아들 이제임, 권귀언, 윤동규의 아들 윤광로, 소남의 둘째 아들 윤광연, 윤동규의 장손 윤신, 윤광연의 양자 윤위, 안정복의 아들 안경증, 영남 남인 이상정의 제자가 되는 한정운,

대표적인 서학 배척자 이기경 등을 열거했다. 이병휴는 이익의 3대 제자 가운데 한 사람으로 꼽히지만, 허경진 교수는 그가 윤동규보다 15년 연하로, 윤동규에게 학문과 관련하여 자문을 구하는 서찰을 보내면서 '시교생(侍敎生)'을 자처한 사실에 주목했다.

인천과 성호학파의 학문적 지형도

『소남 윤동규』는 성호학파의 전개, 근대 이전 인천 지역의 학적 지형도를 고찰할 때 지남도가 될 것이다. 그렇기에 많은 부분은 제언의 형태로 되어 있다. 윤동규의 고유한 학문 방법, 성호학파의 공통 분모, 윤동규의 학파 좌장다운 면모에 대한 해설이 충분한 지면을 얻지 못했다. 하지만 제언은 제언으로서 큰 의미를 지닌다.

허경진 교수는 소남 종가에 전해 오던 『소남선생문집(邵南先生文集』(표제 邵南先生遺集草)을 발굴하여, 기왕에 학계에서 활용된 소남문집이 자료적 가치가 불확실하던 것과는 달리 문헌비판의 결과 자료적 가치가 높다는 점을 환기시켰다. 『소남선생문집』은 안산(성호 이익)과 경기 광주(순암 안정복), 충청도 중심으로 연구되어 왔던 성호학파가 실제로는 인천 지역으로 파급되고 그 주류의 일부를 형성했다는 사실을 밝힐 수 있는 일차 자료이다. 『소남선생문집』 13권 가운데는 제6권과 제8권에 윤동규가 20대부터 이익에게 보낸 78편이 수록되어 있어, 『성호전집』 수록의 서찰, 문중에 전해온 친필 간찰을 서로 대조하여 연구한다면, 윤동규와 이익의 학문 내용과 체계를 각각 뚜렷하게 살피게 될 것은 물론, 성호학파의 구성과 발전 양상도 총괄하는 데 기여할 것이다. 또한 허경진 교수는 소남 종가에 전하는 간찰들을 일별하여, 윤동규가 보낸 것이 308통, 윤동규가 받은 것이 334통, 그 밖의 것이 48통으로 분류하고, 이중 이익이 발송한 221통이 들어 있다고 밝혔다. 이것들은 모두 친필이어서 문화재로서의 가치도 높다. 게다가 이 간찰들이 윤동규의 문학, 학문, 사상의 온전한 면모를 보여줄 뿐 아니라, 이익의 학술 저작이나 생활의 단면들에 대해 많은 증언을 해준다고 밝혔다. 현재 이익의 문집인『성호선생전집』에는 윤동규에게 보낸 서찰이 56통 밖에 실리지 않았지만, 소남 종가에는 165통이나 되는 성호의 친필들이 더 남아 있다.

　허경진 교수는『소남 윤동규』의 제5장에서 '성호전집'을 다시 편집해야 한다고 주장했다. 소남 종가에 소장되어 있다가 현재 한국학중앙연구원 장서각에 보관되어 있는 자료들이 모두 정리되어 번역되면 이익과 윤동규의 학문적 관계뿐 아니라 성호학파의 전모도 분명하게 밝혀질 것이라고 강조했다. 현재 남아 있는 소남의 문집이 온전한 형태가 아니며, 편집 과정에 수많은 글들이 없어졌다. 없어진 많은 글들을 찾는 한편, 허경진 교수를 중심으로 하는 연구자들의 역주 성과를 바탕으로『성호전집』을 재구성한다면 한국 근대 이전의 진보적 학문이 이룩한 성과를 더욱 명료하게 해명할 수 있게 될 것이다. 【심경호】

소남에서 성호 순암을 거쳐 정산까지 이어지는
실학의 길을 같이 걸어 갑시다

28년 전 지방자치제도가 시행되면서 지역학에 대한 관심이 크게 대두되었습니다. 이에 따라 각 지자체에서는 위원회를 구성하며 본격적인 연구를 진행하였습니다. 인천은 문화재단이나 대학교를 비롯하여 여러 기관들과 밀접한 관계를 만들어 냄으로써 비교적 다른 지역보다 발 빠르게 움직였다는 평을 받았습니다. 이러한 노력에 따라 인천만의 특수성을 발현할 수 있는 '인천학'이라는 분야를 만들어 내기도 하였습니다.

'지역학'이란 일정한 지리적 공간에 함유된 역사·문화 등을 종합적으로 연구하여 지역 주민의 삶을 제고하며 지역 정체성을 정립하는 데 기여하는 학문을 말합니다. 소남 연구자와 인천의 시민운동가들은 지난해 '소남 윤동규'라는 화두를 가지고 혼신의 힘을 다했습니다. 특히 그가 남긴 『소남문집』을 번역하고 출간하는 것을 핵심 사업으로 정하였습니다. 연구 실적이 전혀 없는 실정에서 어려움을 극복하며 하나씩 하나씩 가치를 찾아내기 시작한 이후 책에서 나타나는 당대 사회·문화에 대한 귀중한 자료는 지역학을 연구하는데 더없는 보물이라 하겠습니다.

평생 벼슬길에 나서지 않은 소남의 성품을 순암 안정복은 행장(行狀)에서 이렇게 썼습니다. "수레와 사람이 복잡한 시장거리에 살면서도 조금도 속세에 오염되지 않고, 시원한 청풍의 기상이 있다."라고 말입니다. 그의 인격의 바탕은 학문으로 이어졌으며, 고스란히 문집에 남아 있습니다. 『소남선생문집』 13권 중 8권이 서(書, 편지)입니다. 당시 문인들은 편지를 주고받으며 학문을 논하였는데, 성호학파 학자들 역시 다르지 않았던 것입니다.

현재 장서각에는 소남이 주고받은 간찰(편지) 1,220여 점이 위탁 보관되어 있습니다. 여기에는 소남이 스승인 성호 이익과 주고받은 편지를 비롯하여, 순암 안정복, 정산 이병휴, 부와 권귀언, 그리고 후손들의 편지 등 방대한 친필 자료들이 있는 것입니다. 당시 한 스승을 중심으로 한 학자들이 주고받은 친필 편지가 한 집안에 이렇게 많이 남아 있는 것은 우리나라에서 처음 있는 일입니다.

남동문화원에서 소남의 편지를 탈초 해제하면서 새로운 지역학으로서의 면모를 발견하였습니다. 성호학파의 '좌장'으로서의 면모를 굳건히 함은 물론이요, 궁극적으로는 당대 실학의 거점으로 삼을 수 있는 토대를 마련한 셈이 되었습니다.

우리는 윤동규가 살았던 도림동(남동구)을 '소남마을'로 삼고, 이익이 거처했던 안산을 '성호마을'로, 안정복이 학문을 넓혔던 광주를 '순암마을'로, 그리고 이병휴가 학업했던 덕산을 '정산마을'로 정했습니다. 이들이 걸어 다니며 학문을 토론했던 길이 바로 성호학파 실학의 길입니다. 우리가 소남의 책을 손에 들고 이 길을 걸어가 볼 수도 있지만, 이러한 구성은 바로 소남윤동규기념사업회에서 야심 차게 준비하고 있는 '디지털기념관' 사업에서도 만나게 될 것입니다. 이른바 '소남학'은 당대 지역적인 편협함을 뛰어넘어 지역과 지역을 아우르는 드넓은 문화 세계로 발돋움할 것입니다.

지금까지 남동구와 관련된 지역학에 대한 자료수집은 작은 기관이나 개인들이 주도하여 자료로서의 역할과 활용이 미비한 실정이었습니다. 현재 소남의 디지털 콘텐츠만도 8천5백 점을 확보한 우리 소남윤동규기념사업회에서는 소남이 글을 읽던 중경산 자락에 '소남 기념관'을 건립한다는 원대한 목표를 향하여 매진할 것입니다.

물론 이러한 꿈을 이루는 것이 그리 쉽지는 않습니다. 그 사이 지역에 산재되어 있는 다양한 자료를 모아 '인천 지역학'이라는 아카이브 구축을 시도할 것입니다. 여기에는 지자체의 강한 의지가 전제되는 것이 당연한 일이라 하겠습니다.

이러한 시기에 『인천과 소남 윤동규』라는 책을 출간하게 되었습니다. 이 책은 인터넷신문 '인천in'에 지난 2021년에 연재되었던 내용을 위주로 하고, 책 제목에 맞게 새로운 글을 보완하였는데, 이 책을 통해 소남과 그의 문화 세계를 만나실 수 있습니다.

책이나 신문을 통하여 만나는 것만으로는 만족할 수 없어서, 우리 소남 연구자들은 문화체육관광부의 지원을 받아 인천광역시교육청계양도서관에서 2023년 길 위의 인문학 "인천의 잊혀진 실학자-성호학파를 인천으로 확산시킨 소남 윤동규" 강좌를 12주 개설하였습니다. 이 강좌를 통해서 연구자와 시민들이 한국학중앙연구원에 위탁 소장된 소남 윤동규의 유물도 직접 만나고, 소남이 남동에 살던 동네도 답사하였으며, 소남이 성호 선생에게 배우러 오가던 길도 따라가 보았습니다. 앞으로 더 많은 시민들이 우리 소남 공부에 함께하기를 꿈꿔 봅니다. 【신홍순】

저자 소개

허경진 인천 송현초등학교, 인천중학교, 제물포고등학교, 연세대학교 국어국문학과를 졸업하고 목원대학교 국어교육과와 연세대학교 국어국문학과 교수를 역임하였다. 『성호학파의 좌장 소남 윤동규』 외에 저서 10권, 『삼국유사』 외에 번역서 10권이 있다.

심경호 서울대학교 국어국문학과를 졸업하고 일본 교토대학 문학연구과에서 『조선시대 한문학과 시경론』으로 박사학위를 받았다. 고려대학교 한문학과 교수로 정년하고, 특임교수로 있다. 『강화학파의 문학과 사상』, 『다산과 춘천』, 『한학입문』 등의 저서 10여 권, 『한자학』, 『동아시아 한문학 연구의 방법과 실천』 등의 역서 10여 권이 있다.

신흥순 인천남동문화원 원장, 인천문화원연합회 부회장으로 활동했으며, 소남윤동규기념사업회 사무총장으로 시민활동을 하고 있다.

송성섭 서강대학교에서 『세종의 음악 창제 : 세종의 신악(新樂)과 정간보(井間譜)의 창제 원리』로 철학박사학위를 받았으며, 『노자의 도덕경』 등의 저서가 있다. 한국연구재단 연구교수로 소남의 사단칠정 논쟁을 연구하고 있다.

원재연 서울대학교 국사학과를 졸업하고, 『조선후기 서양인식의 변천과 대외개방론』으로 문학박사학위를 받았다. 인천대학교 연구교수로 재직하면서 『조선왕조의 법과 그리스도교』, 『서세동점과 조선왕조의 대응』 등의 저서와 연구논문 50여 편이 있다.

소남 윤동규 총서 3

인천과 소남 윤동규

2023년 12월 29일 초판 1쇄 펴냄

지은이 허경진·심경호·신홍순·송성섭·원재연
펴낸이 김흥국
펴낸곳 보고사

책임편집 황효은
표지디자인 김규범

등록 1990년 12월 13일 제6-0429호
주소 경기도 파주시 회동길 337-15 보고사
전화 031-955-9797
팩스 02-922-6990
메일 bogosabooks@naver.com
http://www.bogosabooks.co.kr

ISBN 979-11-6587-656-2 94910
      979-11-6587-131-4 (세트)
ⓒ허경진·심경호·신홍순·송성섭·원재연, 2023

정가 17,000원